DeROSE

KARMA E DHARMA
TRANSFORME A SUA VIDA

ENSINAMENTOS REVOLUCIONÁRIOS SOBRE COMO COMANDAR O SEU
DESTINO, SAÚDE, RELAÇÕES AFETIVAS, FELICIDADE E FINANÇAS.

SOB O SELO EDITORIAL

EGRÉGORA

www.DeROSEMethod.org

Senhor Livreiro,

Sei o quanto o seu trabalho é importante e que esta é a sua especialidade. Por isso, gostaria de fazer um pedido fundamentado na minha especialidade: este livro não é sobre autoajuda, nem terapias e, muito menos, esoterismo. Não tem nada a ver com Educação Física nem com esportes.

Assim, agradeço se esta obra puder ser catalogada como **Hinduísmo** ou como **Filosofia Hindu**.

Grato,

O Autor

As páginas deste livro foram impressas em papel reciclado. Embora seja mais caro que o papel comum, consideramos um esforço válido para destruir menos árvores e preservar o meio ambiente. Contamos com o seu apoio.

PERMISSÃO DO AUTOR PARA A TRANSCRIÇÃO E CITAÇÃO

Resguardados os direitos da Editora, o autor concede permissão de uso e transcrição de trechos desta obra, desde que seja obtida autorização por escrito e a fonte seja citada. A DeRose Editora se reserva o direito de não permitir que nenhuma parte desta obra seja reproduzida, copiada, transcrita ou mesmo transmitida por meios eletrônicos ou gravações, sem a devida permissão, por escrito, da referida editora. Os infratores serão punidos de acordo com a Lei nº 9.610/98.

Impresso no Brasil/*Printed in Brazil*

Comendador
DeRose

Professor Doutor Honoris Causa pelo Complexo de Ensino Superior de Santa Catarina
Comendador pela Secretaria de Educação do Estado de São Paulo, Núcleo MMDC Caetano de Campos
Comendador pela Ordem do Mérito Farmacêutico Militar, do Exército Brasileiro
Comendador pela The Military and Hospitaller Order of Saint Lazarus of Jerusalem
Grã-Cruz Heróis do Fogo, do Corpo de Bombeiros do Estado de São Paulo
Grão-Mestre Honorário da Ordem do Mérito das Índias Orientais, de Portugal
Chanceler da Sociedade Brasileira de Heráldica e Humanística
Membro do CONSEG – Conselho de Segurança dos Jardins e da Paulista
Membro da ADESG – Associação dos Diplomados da Escola Superior de Guerra
Laureado pelo Governo do Estado de São Paulo, OAB, Justiça Militar da União,
Polícia Militar, Polícia Técnico-Científica, Exército Brasileiro, Defesa Civil, ABFIP ONU etc.

KARMA E DHARMA

ENSINAMENTOS REVOLUCIONÁRIOS SOBRE COMO COMANDAR O SEU
DESTINO, SAÚDE, RELAÇÕES AFETIVAS, FELICIDADE E FINANÇAS.

DeRoseMethod.org
facebook.com/ProfessorDeRose
youtube.com/metododeRose
DeRoseMethod.org/blogdoDeRose
instagram.com/ProfessorDeRose

Al. Jaú, 2000 - São Paulo SP - tel. (+55 11) 3081-9821

Paris – London – New York – Roma – Madrid – Barcelona – Buenos Aires – Lisboa – Porto – Rio – São Paulo

© Copyright 1995: L. S. A. DeRose (todos os direitos reservados)

Projeto editorial, digitação, diagramação, ilustração e paginação em Word: DeRose
Capa: Patricia Gomiero
Ilustrações: Takeshita
Revisão desta edição: Fernanda Neis
Produção gráfica: DeRose Editora sob o Selo Editorial Egrégora
Impressão: Rettec Artes Gráficas

Pedidos deste livro podem ser feitos para:

DeRose Editora – Alameda Jaú, 2000 – CEP 01420-006, São Paulo, SP – Brasil

Ou para egregorabooks.com

A Editora não responde pelos conceitos emitidos pelo autor.

2ª. edição em papel: 2011 Portugal
5ª. edição em papel: 2019 Brasil

Este livro tornou-se um capítulo do *Tratado de Yôga*,
que foi formado pela fusão de oito diferentes livros do escritor DeRose.

Dados Internacionais de Catalogação na Publicação

D278k	De Rose, 1944- Karma e dharma : transforme sua vida : ensinamentos revolucionários sobre como comandar o seu destino, saúde, relações afetivas, felicidade e finanças / Comendador DeRose. – 5. ed. – São Paulo : Egrégora, 2019. 123 p. : il. color. ISBN: 978-85-62617-57-7 1. Karma. 2. Dharma. 3. Filosofia hindu. 4. Hinduísmo. 5. Índia. 6. DeRose, Método. I. Título.

CDD (23. ed.): 181.4

Maria Emília Pecktor de Oliveira
Bibliotecária – CRB-9/1510

Dedico esta edição
à minha amiga
Profª. Maria Helena Aguiar.

ÍNDICE

Definições 9
Pronúncia do sânscrito.. 11
Introdução 12
A proposta dos nossos livros 13
Karma.. 17
Diferenças entre karma e dharma............................... 19
O swadharma... 20
Karma negativo e karma positivo 27
A única forma de não gerar karma 28
Karma individual e karma coletivo.............................. 29
Karma coletivo e egrégora 33
O fator de proteção da egrégora 38
Como prever boa parte do seu futuro 41
Mudar o karma é fácil... 47
Programação para o sucesso 49
Você está insatisfeito?.. 53
A Síndrome da Felicidade 56
Conclusão 61
Recomendações finais.. 64

Se quiser ir mais fundo..65

Histórico e trajetória do Autor no Yôga 66

Um registro histórico do Yôga no Brasil 66

Sacração do título de Professor Doutor *Honoris Causa*..........91

Definições

Yôga[1] é qualquer metodologia estritamente prática que conduza ao samádhi.

Samádhi é o estado de hiperconsciência e autoconhecimento que só o Yôga proporciona.

SwáSthya Yôga é o nome da sistematização do Yôga Antigo.

As características principais do SwáSthya Yôga (ashtánga guna) são:
1. *sua prática extremamente completa, integrada por oito modalidades de técnicas;*
2. *a codificação das regras gerais;*
3. *resgate do conceito arcaico de sequências encadeadas sem repetição;*
4. *direcionamento a pessoas especiais, que nasceram para o SwáSthya Yôga;*
5. *valorização do sentimento gregário;*
6. *seriedade superlativa;*
7. *alegria sincera;*
8. *lealdade inquebrantável.*

---

[1] O acento indica apenas onde está a sílaba longa, mas ocorre que, muitas vezes, a tônica está noutro lugar. Por exemplo: Pátánjali pronuncia-se "Patánjali"; e kundaliní pronuncia-se "kúndaliní". O efeito fonético aproxima-se mais de "kŭn-dalinî" (jamais pronuncie "kundalíní"). Para sinalizar isso aos nossos leitores, vamos sublinhar a sílaba tônica de cada palavra. Se o leitor desejar esclarecimentos sobre os termos sânscritos, recomendamos que consulte o *Glossário*, do livro **Tratado de Yôga**. Sobre a pronúncia, ouça o áudio **Sânscrito - Treinamento de Pronúncia**, gravado na Índia. Arquivo de áudio: derose.co/glossario-sanscrito

Para mais conhecimentos, o ideal é estudar os vídeos do **Curso Básico**.

DEMONSTRAÇÃO DE QUE A PALAVRA YÔGA TEM ACENTO NO SEU ORIGINAL EM ALFABETO DÊVANÁGARÍ:

य	YA, curto.	
या	YAA ∴ YÁ, longo. Também pode ser grafado "YÃ".	ा Este sinal é um a-ki-mátrá (acento do a).
यो	YOO ∴ YÔ, longo. Também pode ser grafado "YÕ".	ो Este sinal é um ô-ki-mátrá (acento do o).
योग	YÔGA. Portanto, a palavra em questão deve ser acentuada (YÔGA, ou YÕGA, conforme a convenção).	

* Embora grafemos didaticamente acima **YOO**, este artifício é utilizado apenas para o melhor entendimento do leitor leigo em sânscrito. Devemos esclarecer que o fonema *ô* é resultante da fusão do *a* com o *u* e, por isso, é sempre longo, pois contém duas letras. Contudo, se digitarmos **YOO** no programa de transliteração *I-Translator 2003* aparecerão os caracteres यो. Na convenção que adotamos, o acento agudo é aplicado sobre as letras longas quando ocorre crase ou fusão de letras iguais (*á, í, ú*). O acento circunflexo é aplicado quando ocorre crase ou fusão de letras diferentes (*a + i = ê; a + u = ô*), por exemplo, em *sa+íshwara = sêshwara* e *AUM*, que se pronuncia *ÔM* (em alfabeto fonético escreve-se ɔ̃). Daí grafarmos *Vêdánta*. O acento circunflexo não é usado para fechar a pronúncia do *ô* ou do *ê*, pois esses fonemas são sempre fechados. Não existe, portanto, a pronúncia "*véda*" nem "*yóga*". O acento circunflexo na palavra Yôga é tão importante que mesmo em livros publicados em inglês e castelhano, línguas que não possuem o circunflexo, ele é usado para grafar este vocábulo.

- **Bibliografia para o idioma espanhol:**
  Léxico de Filosofía Hindú, de Kastberger, Editorial Kier, Buenos Aires.

- **Bibliografia para o idioma inglês:**
  Pátañjali Aphorisms of Yôga, de Srí Purôhit Swámi, Faber and Faber, Londres.
  Encyclopædia Britannica, no verbete *Sanskrit language and literature*, volume XIX, edição de 1954.

- **Bibliografia para o idioma português:**
  Poema do Senhor, de Vyasa, Editora Assírio e Alvim, Lisboa.

Se alguém declarar que a palavra Yôga não tem acento, peça-lhe para mostrar como se escreve o **ô-ki-mátrá** (ô-ki-mátrá é um termo hindi utilizado atualmente na Índia para sinalizar a sílaba forte). Depois, peça-lhe para indicar onde o **ô-ki-mátrá** (ो) aparece na palavra Yôga (योग). Ele aparece logo depois da letra *y* (य = *ya*), transformando-a em यो = *yô*, longa. Em seguida, pergunte-lhe o que significa o termo **ô-ki-mátrá**. O eventual debatedor, se conhecer bem o assunto, deverá responder que *ô* é a letra *o* e *mátrá* traduz-se como **acento, pausa ou intervalo** que indica uma vogal longa. Logo, ô-ki-mátrá traduz-se como "*acento do o*". Consulte o *Sanskrit-English Dictionary*, de Sir Monier-Williams, o mais conceituado dicionário de sânscrito, página 804. Então, mais uma vez, provado está que a palavra Yôga tem acento. A palavra SwáSthya (स्वास्थ्य), por outro lado, possui um **a-ki-mátrá** (ा) depois da letra *v* ou *w* (व = *va* ou *wa*), pois seu acento (वा = *vá* ou *wá*) está na letra *a*.

PRONÚNCIA DO SÂNSCRITO

Em alguns momentos, vamos sublinhar a sílaba tônica dos termos sânscritos para facilitar a leitura correta. Noutras sentenças deixaremos sem o *underline* para que o leitor se habitue a observar a pronúncia correta mesmo quando não houver essa sinalização.

Para escutar a pronúncia correta dos termos sânscritos, em uma gravação feita na Índia, na voz de um professor hindu, abra o seguinte *link* de áudio: derose.co/glossario-sanscrito.

Introdução

Este livro pertence à coleção Curso Básico.

Alguns livros do Comendador DeRose são obras de fôlego, com 500 a 1000 páginas. Por esse motivo, em atenção ao leitor interessado num tema específico, decidimos lançar uma coleção de livros menores, em que cada volume aborde um tema em particular, pertinente ao Curso de Formação de Instrutores, que o Preceptor ministra desde a década de 70 nas Universidades Federais, Estaduais e Católicas de vários estados do Brasil, bem como em Universidades da Europa. Isso nos permitirá editar livros mais acessíveis, que possibilitarão ao público travar contato com o Yôga Antigo mais facilmente.

Este opúsculo tratará de mais um tema que desperta muito interesse e que as pessoas, geralmente, interpretam de uma forma um tanto limitada, deixando que suas crenças ou sua cultura regional interfiram na visão mais clara do assunto. Como sempre, o Comendador DeRose abordará a matéria sob um prisma diferente, novo e mais abrangente.

Comissão Editorial

A PROPOSTA DOS NOSSOS LIVROS

A proposta desta coleção é proporcionar aos estudiosos o resultado de uma pesquisa desenvolvida durante mais de 50 anos, sendo 25 anos de viagens à Índia. É o resgate da imagem de uma tradição ancestral que, fora da nossa linhagem, já não se encontra em parte alguma.

Muito se escreveu e escreve-se sobre meditação, mas quase nada há escrito sobre a cultura da qual surgiu, que é muito mais fascinante. O fundamento filosófico desta tradição é uma peça viva de arqueologia cultural, considerada extinta na própria Índia, seu país de origem há mais de 5000 anos. O que é raro é mais valioso, no entanto, independentemente desse valor como raridade, a tradição filosófica Pré-Clássica é extremamente completa e diferente de tudo o que você possa estereotipar com o clichê. Além disso, ao estudar essa modalidade, temos ainda a satisfação incontida de aprender os ensinamentos originais, logo, o mais autêntico de todos. Não obstante, como estudar a filosofia mais antiga se não há quase nenhuma bibliografia a disponível?

No início não existia a escrita e o conhecimento era passado por transmissão oral. Depois, na fase do período Clássico, por volta do século III a.C., não existia a imprensa, os livros tinham de ser escritos a mão e reproduzidos um a um pelos copistas, o que tornava o produto literário muito caro e as edições bem restritas. Por essa época havia uma quantidade irrisória de obras e uma tiragem de sucesso teria algo como uma centena de exemplares. Dessa forma, foi relativamente fácil perderem-se obras inteiras, por incêndios, terremotos, enchentes, guerras ou, simplesmente, por perseguições ideológicas. Não nos restou quase nada.

Por outro lado, praticamente todos os textos modernos foram preservados. Primeiro, devido ao menor decurso de tempo que transcorreu entre a época da publicação e o momento presente. Depois, com o barateamento dos livros, graças ao advento da tipografia, muito mais obras foram escritas e suas tiragens alcançaram a cifra dos milhares de cópias. Assim, sempre haveria uns quantos exemplares em outro local quando ocorressem os incêndios, os terremotos, as enchentes, as guerras ou as perseguições. O resultado disso é que hoje quase todos os livros, escolas e instrutores adotam a perspectiva Medieval ou fortemente influenciados por ela.

Os ensinamentos Contemporâneos ainda não tiverem tempo suficiente para uma produção editorial relevante. Pior: a maior parte está contaminada pelos paradigmas Medievais, até pelos próprios jargões utilizados e pela distorção do significado dos termos técnicos aplicados. Assim sendo, sem dispor de vias já trilhadas por estudiosos anteriores levando-me às suas origens, para chegar aonde cheguei, foi necessário ir revolvendo, polegada por polegada, o entulho dos séculos. Primeiramente analisei o período Contemporâneo. Depois, voltando para o passado mais próximo, esquadrinhei a vertente do período anterior, o período Medieval. Passados uns bons quinze anos de estudos, tendo esgotado a literatura disponível, estava na hora de viajar à Índia para pesquisar in loco. Em Bombaim (hoje, Mumbai), enfurnei-me nos ensinamentos do período Clássico; e nos Himályas em tradições, talvez, mais antigas. Um belo dia, descortinei uma modalidade que ficara perdida durante séculos: o legado Pré-Clássico. Mais de vinte anos se passaram, durante os quais, indo e vindo da Índia, tratei de aprofundar minha pesquisa nos Shástras, na meditação e nos debates com swámis e saddhus de várias Escolas. O resultado foi impactante e pode mudar a História. Desejo uma boa leitura para você.

COMENDADOR DeRose
O histórico do autor encontra-se no final do livro.

Karma

*O Universo é polarizado:
se tem gente contra (–), é porque você é a favor (+).*
DeRose

Karma provém da raiz sânscrita *kr*, agir, que deu origem aos termos karma (ação) e kriyá (atividade). Karma é uma lei natural, como a lei da gravidade. Essa é a visão que o Yôga mais antigo, de fundamentação Niríshwara-Sámkhya[2], tem do karma. A visão espiritualista surge mais tarde e é reforçada na mesma medida em que a filosofia Vêdánta torna-se mais popular, especialmente a partir do século VIII d.C. Posteriormente, o conceito de karma é importado pelo Ocidente e cristianizado, ou seja, é feita uma releitura com base nos princípios cristãos de culpa e pecado. A partir de então, principalmente para os ocidentais, karma deixa de ser uma lei que está

---

[2] Pode-se grafar Niríshwarasámkhya ou, separadamente, Niríshwara-Sámkhya, neste segundo caso para melhor entendimento do leitor não familiarizado com os termos sânscritos. Quando escrevemos Dakshinacharatántrika-Niríshwarasámkhya Yôga damos preferência a usar o hífen apenas para associar o Tantra (de linha Dakshinachara) com o Sámkhya (de linha Niríshwara), formando assim um bloco que constitui o pré-nome desse tronco de Yôga, o qual parece ser o mais antigo.

fora e além do bem e do mal, para tornar-se algo com conotação negativa, que se deve pagar com sofrimento.

Se conhecermos os mecanismos que regem o dharma e o karma, teremos quase total domínio sobre a nossa vida e o nosso destino. Aliás, podemos definir karma como um destino maleável, que modificamos a cada minuto em virtude das nossas ações, palavras e pensamentos. Estamos o tempo todo a tecer nosso futuro imediato e distante.

Cada ação (*karma* = ação) protagonizada gera inexoravelmente uma reação, ainda que a ação inicial tenha sido apenas palavra ou pensamento. Então, devemos tomar muito cuidado com o que dizemos e com o que pensamos, não por uma razão meramente moral, mas por saber que não haverá como furtarnos à responsabilidade das consequências.

Este livro vai nos ensinar como manobrar a lei do karma a nosso favor para transformar a nossa vida para melhor, mas não conseguirá auxiliar aqueles que usam da ação mal intencionada, da palavra caluniosa ou do pensamento malicioso contra outro ser humano.

DIFERENÇAS ENTRE KARMA E DHARMA[3]

> *Por mais que se faça o bem sempre se desagrada alguém.*
> DeRose

O ocidental costuma confundir karma com dharma, no entanto, trata-se de duas categorias de leis completamente diferentes. A própria palavra dharma significa, literalmente, lei. Refere-se a qualquer lei humana: lei jurídica, regulamento de um clube ou condomínio, norma religiosa etc. Inclusive, o termo dharma também pode ser usado, por extensão, com o significado de religião. Assim, dharma é uma lei humana e karma, uma lei universal. Dharma está sujeito ao tempo e ao espaço, enquanto karma está além do tempo e do espaço.

O dharma é uma lei moral, pois depende das normas de um determinado país, região, cidade, grupo cultural e de uma

---

[3] ***Karma e dharma, transforme a sua vida*** faz parte de uma coleção de 40 cursos gravados em vídeo/DVD que podem ser adquiridos na Universidade de Yôga. Recomendamos que os estudantes reúnam os amigos para dividir custos e compartilhar as aulas. Chamamos a isso Grupo de Estudos. Para conhecer o conteúdo dos vídeos consulte o livro ***Programa do Curso Básico***. Nesse livro há também instruções sobre como conduzir um Grupo de Estudos. Se quiser acessar gratuitamente na internet um resumo dessas aulas, basta entrar no *site* **www.uni-yoga.org**.

determinada época. Mudando o tempo ou mudando o lugar, as regras mudam. O dharma depende dos costumes (*mores*, em latim[4]).

Na década de 70, uma jovem brasileira recém-chegada da Europa, atreveu-se a fazer *topless* em Ipanema. Foi presa por atentado ao pudor. Mas era de família influente e processou o Governo. Ganhou a ação judicial. A família devia ser mesmo muito poderosa, pois isso ocorreu durante a ditadura de extrema direita, profundamente moralista. O fato é que uma lei foi criada por causa dela, permitindo que se praticasse o *topless* em Ipanema. A partir de então, os policiais que antes aplicavam a repressão, agora defenderiam contra eventuais agressões a quem desejasse tomar sol mais à vontade. Uma questão de datas. No entanto, se a jovem passasse inadvertidamente a divisa de Ipanema com Copacabana, o mesmo policial que a defenderia na outra praia, nesta, seria capaz de lhe dar ordem de prisão. Uma questão de lugar.

O SWADHARMA

Swadharma significa "o seu próprio dharma". Constitui uma espécie de agravante ou atenuante, aplicado a cada caso específico. Por exemplo, o dharma declara que é proibido matar, mas no caso de um militar defendendo a pátria, o dharma

---

4 O termo moral provém do latim *mores*, costumes. Ou seja, imoral não significa algo intrinsecamente reprovável e sim algo que não faz parte dos costumes. As pessoas não estão acostumadas com tal ou qual procedimento e, por isso, estranham-no. É interessante observar que *mores*, em latim, significa costumes, mas *more* significa estupidamente, tolamente.

abre uma exceção e ainda o condecora pela quantidade de inimigos abatidos.

Podem ocorrer diversas circunstâncias em que o dharma determine algo que seja difícil ou desagradável cumprir, ou cujo cumprimento traga algum inconveniente. O ideal é que o indivíduo se flexibilize para adaptar o seu dharma pessoal ao dharma geral da nação ou da instituição a que estiver atrelado[5]. Por exemplo, um jovem prestando o serviço militar e que queira obedecer à lei universal, o karma, ao invés de declarar que se nega a matar os inimigos e acabar preso, tachado de covarde ou traidor, poderá, mais inteligentemente, pedir transferência para o serviço de enfermaria. Em vez de se chocar de frente com as normas vigentes, terá dado a volta nelas, com um bom jogo de cintura.

Vemos, então, que o karma e o dharma eventualmente podem se contradizer. Numa tribo antropófaga, o dharma é matar e canibalizar os inimigos. Na profissão de policial, o dharma pode ser atirar para matar. Em caso de guerra, o dharma é trucidar o maior número possível de soldados adversários. Porém, o karma, em todos esses casos permanece imutável e universal: determina **não matar**. E não apenas *não matar gente*.

---

5 Uma lição a respeito de flexibilidade. O poderoso carvalho disse ao bambu: "Você é muito magrinho. Basta uma brisa para fazê-lo dobrar-se. Eu, pelo contrário, nem sinto o vento." Certo dia, ocorreu um vendaval que derrubou o carvalho, mas não afetou o bambu, pois ele se dobrou e depois retornou à sua posição.

O próprio dharma shástra de Moisés, declara solenemente em Exodus, capítulo 20: "Não matarás." Em parte alguma está escrito "não matarás homens". Está escrito *não matarás*. Portanto, ao matar animais para comer[6], você está contra o karma, que é universal, e contra o dharma, que é a lei religiosa do Cristianismo e do Judaísmo[7].

Karma é apenas uma lei de causa e efeito, do gênero "cuspiu *pra* cima, vai receber uma cusparada no rosto". A pura lei do karma é simplesmente mecânica e não espiritual. Nem sequer moral. Independe de fundamentação reencarnacionista ou até mesmo teísta. Refere-se a um mecanismo da própria natureza. Uma espécie de lei da gravidade muito distante do fatalismo que lhe atribuímos.

Comparando a lei do karma com a lei da gravidade, vamos concluir que as duas têm muito em comum. Se você cospe para cima, recebe a cusparada na cara. Não foi castigo. Nenhuma divindade interrompeu seus afazeres macrocósmicos para punir o hominídeo que teria feito algo "errado". Se você ignora a lei da gravidade e segue caminhando numa trilha em que haja um grande fosso, cairá nele. Machucar-se-á. Sendo ignorante da lei da gravidade, vai ficar se lamentando pelos ferimentos e irá atribuí-los à vontade dos deuses ou dos demônios. Precisará cair outras e outras vezes, até aprender que

---

6 Literatura sobre culinária e gastronomia sem carnes: *Método de Boa Alimentação*, deste autor; *Gourmet Vegetariano*, de Rosângela de Castro; *La dieta del Yôga*, Edgardo Caramella, Editorial Kier.

7 "E disse Deus ainda: Eis que vos tenho dado todas as ervas que dão semente e se acham na superfície de toda a terra, e todas as árvores em que há fruto que dê semente; isso vos será para mantimento." (Genesis, cap. I, vers. 29).

não está se contundindo pelo desígnio de deuses ou maus espíritos, e sim porque há uma lei natural, a lei da gravidade, que o faz cair no fosso. Aprendida a lição, ao se deparar com o buraco à sua frente, você não continuará caminhando desavisadamente em direção a ele. Vai contorná-lo, saltá-lo, colocar uma ponte ou descer o fosso por um lado e subir pelo outro. Enfim, tomará alguma medida dentre as tantas alternativas que existem para cada caso, mas não cairá mais por ignorância da lei. Com o karma, é exatamente da mesma forma.

Outra comparação do karma com a gravidade: você monta numa bicicleta e sai andando nela. Gerou o karma potencial de uma queda de bicicleta. No momento em que você para e desce do veículo, terminou o seu karma potencial de uma queda de bicicleta. Teve início um outro karma potencial, ó de escorregar e cair, o que já é bem mais suave.

Tudo o que fazemos, falamos, sentimos ou pensamos gera karma. A questão é saber como ir substituindo um karma que produza resultados inconvenientes por outro que cause consequências desejáveis.

O karma se divide em três tipos: passivo, potencial e manifestado. Temos absoluto domínio sobre os dois primeiros. Essa é uma boa notícia. Você nunca imaginou que teria controle total sobre dois terços do seu destino! Existe uma parábola que ilustra isso muito bem. O ser humano e o seu karma são como o arqueiro com suas flechas. Na primeira etapa, as flechas estão pousadas passivamente na aljava. Esse momento representa o karma passivo, com o qual você pode fazer o que bem entender.

Na segunda etapa, o arqueiro saca uma das flechas, coloca-a no arco e tensiona-o. Ele pôs em estado de alerta uma energia potencial, mas ainda tem completo domínio, pois poderá conferir mais ou menos tensão ao arco, poderá atirar nesta ou naquela direção e, ainda, poderá desistir de lançar a flecha e guardá-la novamente no coldre.

A terceira etapa, é quando o arqueiro solta a flecha. A partir daí não dá para voltar atrás, não é possível sair correndo para alcançar a flecha e fazê-la parar. Nesse caso, não há como impedir que toda uma sucessão de consequências se desencadeie. Somente sobre esta última forma de karma você não terá domínio.

Na verdade, o exemplo acima não pretende expressar uma precisão matemática de que tenhamos domínio sobre exatos dois terços do nosso karma. Trata-se de uma antiga comparação para nos proporcionar uma ideia de que temos domínio perfeito sobre a maior parte do nosso futuro.

Além disso, qualquer que seja o nosso karma, a liberdade que temos sobre as formas de cumpri-lo é bastante elástica. A sensação de restrição ou impedimento é muito mais decorrente dos próprios receios de mudar e da acomodação das pessoas, do que propriamente da lei de causa e efeito.

É como se o cumprimento de um karma fosse uma viagem num transatlântico. Você está inevitavelmente dirigindo-se ao seu destino, entretanto, poderá aproveitar a jornada de diversas maneiras. Poderá cumprir o percurso relacionando-se bem ou mal com os companheiros de viagem. A bordo, terá o direito de tomar sol, nadar, ler, dançar, praticar esportes. Ou de reclamar da vida, da monotonia, do cheiro de maresia, do balanço do navio, do serviço de camarote, do tamanho da escotilha, do enjoo... Todos chegarão ao destino, de uma maneira ou de outra. Só que alguns divertir-se-ão bastante no trajeto. Outros vão sofrer. Isso deve-se preponderantemente ao temperamento de cada um e não ao karma. Este é o verdadeiro conceito de karma. O resto é complexo de culpa.

KARMA NEGATIVO E KARMA POSITIVO

Mal é o nome que se dá à semente do bem.
DeRose

No Ocidente, temos uma visão muito distorcida a respeito do karma. Pudera! Esse conceito não é nosso, originalmente. Com toda aquela carga de culpa e pecado que cerca a cultura cristã, é compreensível que interpretemos o karma como algo forçosamente ruim, algo que temos de pagar com sofrimento. O marido faz algo desagradável e a mulher retruca contrariada: "Você é o meu karma!". Mas se numa outra ocasião o esposo traz flores, ela não diz, exultante: "Você é mesmo o meu karma!". Isso porque, para o ocidental, karma está necessariamente associado a algo negativo. Na realidade, não é assim.

Não existe karma bom ou karma ruim, assim como não existe fogo bom ou fogo mau. Nós assim os classificamos conforme suas consequências imediatas sejam convenientes para nós ou não o sejam. Diversas vezes aquilo que chamamos de karma ruim é algo que está criando as bases de algo muito bom no futuro. É como alguém que passe fome ou seja muito perseguido e, na hora, considere isso um mau karma. No entanto, com o passar do tempo essas desditas geram uma têmpera mais forte, que virá a ser bem útil, por um tempo bastante maior. Outro exemplo: Fulano chegou tarde e perdeu o avião. Ficou revoltado com a própria falta de sorte e blasfemou: "Maldito karma, esse meu. Perdi o voo." Em seguida, o avião explode diante do seu olhar atônito, e ele só consegue balbuciar: "Bendito karma. Perdi o voo e estou vivo". Afinal, o karma que o teria feito perder a aeronave, seria bom ou ruim? Depende da ótica. Na maior parte das vezes, não vemos o avião explodir, por isso continuamos a supor que o karma tenha sido "mau".

O exemplo acima, de certa forma, remete-nos à velha comparação que nos é ensinada pela sabedoria popular: uma garrafa com água até a metade é considerada pelo pessimista uma garrafa meio vazia e pelo otimista, uma garrafa meio cheia. No entanto, sua classificação é apenas uma questão de ótica. Assim é com o karma e assim é com a vida. Muitas vezes temos todos os motivos para ser felizes, mas preferimos considerar as razões que nos fariam infelizes.

A ÚNICA FORMA DE NÃO GERAR KARMA

A única maneira de não gerar karma é atingir o nirbíja samádhi, pois ele consiste em uma total identificação com o Absoluto. E o Absoluto não contrai karma. Até então, respirou, gerou karma. A grande equação é gerar somente o que consideramos "karma positivo", aquele que produz resultados que nos agradem.

Karma individual e karma coletivo

O karma individual é o denominador comum entre os diversos karmas coletivos que atuam sobre nós o tempo todo, desde antes de nascermos até depois de morrermos.

Os karmas coletivos nos são impostos por herança, em função da família à qual pertençamos[8], do local em que nascemos, nossa nação, cidade, bairro, etnia, religião etc. Ou por opção, como esporte, profissão, arte, política, filosofia e outros.

Quantos karmas coletivos atuam sobre nós? Um número indeterminado, porém, certamente, incomensurável. E, como eles atuam sobre nós? Atuam através de uma energia bem mais palpável, denominada egrégora.

Considere, agora, que cada karma coletivo possui um campo gravitacional que nos atrai para dentro dele. Como uma turma de amigos ou grupo de familiares que convidam e insistem para que participemos de suas atividades. Ou

---

8 Foram divulgadas nos Estados Unidos estatísticas demonstrando que 70% dos sociopatas e desajustados de todos os naipes cresceram sem a presença do pai. No Brasil, essa ocorrência é ainda mais grave.

como o tomador de bebida alcoólica que convida e quase intima a bebermos juntos. Então, se um desses campos gravitacionais for incompatível com outro, a vida poderá se tornar mais difícil. Uma situação assim pode gerar até doenças ou predispor a acidentes e a crimes.

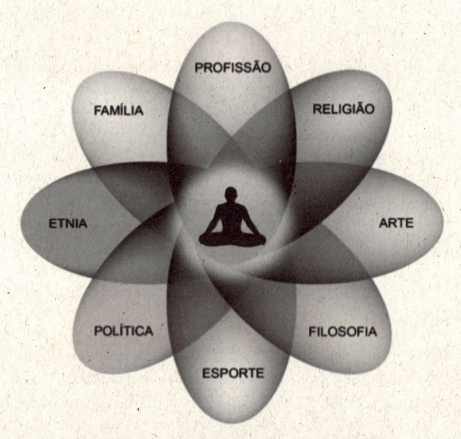

AS CÁPSULAS DE INFLUÊNCIA DE CADA KARMA COLETIVO.
Embora a ilustração acima nos sugira as órbitas em torno de um núcleo atômico, ela não representa órbitas e sim cápsulas que envolvem o indivíduo em um comprimento de onda que o induz a determinadas atitudes ou o subordina a ônus pertinentes àquele grupo.

Para compreender isso melhor, imagine um indivíduo comum. Suponhamos que seu nome seja João. Ele é a figura que está no centro da ilustração com as cápsulas de influência dos karmas coletivos.

Se o João só se envolver com karmas coletivos compatíveis, sua vida fluirá harmoniosamente. Caso contrário, tudo dará mais trabalho, tudo será mais difícil, a sensação será o tempo todo de estar remando contra a correnteza e de que as pessoas não querem facilitar a sua vida.

Imaginemos primeiramente a situação favorável. João tem um karma de etnia que é muito difícil de mudar e em muitos casos, impossível. Portanto, comecemos por ele. João é mestiço. Pertence à família dos Sousas. Sua profissão é advogado. Sua religião é católica. Sua arte é a música. Sua filosofia é o Yôga. Seu esporte, o basquete. E o seu partido político ele não conta a ninguém. Como um não interfere no campo gravitacional do outro, João deve ser uma pessoa feliz, saudável e financeiramente estável.

Se quisermos alterar aleatóriamente o conteúdo de cada um desses oito universos, mas preservando suas naturezas, veremos que – salvo raríssimas exceções – eles continuam não entrando em choque uns com os outros. Em princípio, João poderia ser de qualquer etnia, ter qualquer profissão, qualquer religião etc. Um exemplo de exceção seria se João fosse negro e vivesse no Alabama. Nesse caso, a atitude mais sensata em termos kármicos seria sair imediatamente de lá.

No entanto, se João se envolvesse com dois karmas coletivos do mesmo comprimento de onda, poderia ficar em apuros, como por exemplo, ter uma família com mulher e filhos em São Paulo e outra, com mulher e filhos, no Rio de Janeiro. Ou se ele fosse judeu no sábado, católico no domingo (para aproveitar os dois feriados) e protestante na segunda-feira. No domingo, reza para a imagem de Nossa Senhora; na segunda-feira protesta contra a adoração de imagens. Ou se na quinta-feira fosse à convenção de um partido político de extrema direita e se filiasse; na sexta-feira assistisse à reunião de um partido de extrema esquerda e se filiasse; é bem provável que no sábado aparecesse boiando no Rio Tietê.

Acho que o estimado leitor compreendeu a dinâmica dos karmas coletivos, uns compatíveis, outros não, os quais em seu conjunto forjam o karma individual que será melhor ou pior de acordo com a química daquele coquetel.

Contudo, karma é uma lei, é algo subjetivo. Torna-se necessário que exista um agente, uma força que faça com que a lei seja cumprida. No caso da lei humana, o Legislativo, quem a faz cumprir é o Poder Judiciário. No caso do karma coletivo, a força que permite o bom funcionamento do mecanismo é um poder chamado egrégora.

Mas o que é egrégora, conceito esse que não está nos dicionários?

KARMA COLETIVO E EGRÉGORA

Amigo de todo mundo não é amigo de ninguém.
Schopenhauer

Egrégora provém do grego *egrégoroi* e designa a força gerada pelo somatório de energias físicas, emocionais e mentais de duas ou mais pessoas, quando se reúnem com qualquer finalidade. Todos os agrupamentos humanos possuem suas egrégoras características: todas as empresas, clubes, religiões, famílias, partidos, universidades etc.

Egrégora é como um filho coletivo, produzido pela interação "genética" das diferentes pessoas envolvidas. Se não conhecermos o fenômeno, as egrégoras vão sendo criadas a esmo e os seus criadores tornam-se logo seus servos, já que são induzidos a pensar e agir sempre na direção dos vetores que caracterizaram a criação dessas entidades gregárias. Serão tanto mais escravos quanto menos conscientes estiverem do processo. Se conhecermos sua existência e as leis naturais que as regem, tornamo-nos senhores dessas forças colossais.

Por axioma, um ser humano nunca vence a influência de uma egrégora caso se oponha frontalmente a ela. A razão é simples. Uma pessoa, por mais forte que seja, permanece uma só. A egrégora acumula a energia de várias, incluindo a dessa própria pessoa forte. Assim, quanto mais poderoso for o indivíduo, mais força estará emprestando à egrégora para que ela incorpore às dos demais e o domine ("Quanto mais forte for a tora de madeira, mais energia dará ao fogo que a consome", livro *Sútras*, DeRose).

A egrégora se realimenta das mesmas emoções que a criaram. Como um ser vivo que é, não quer morrer e cobra o alimento aos seus genitores, induzindo-os a produzir, repetidamente, as mesmas emoções. Assim, a egrégora gerada por sentimentos de revolta e ódio, exige mais revolta e mais ódio. No caso das facções extremistas, por exemplo, são os intermináveis atentados. No das revoluções, frequentemente, os primeiros líderes revolucionários a alcançar o poder, passam de herois a traidores. Terminam os seus dias exatamente como aqueles que acabaram de destrónar (segundo Richelieu, ser ou não ser um traidor, é uma questão de datas).

Já a egrégora criada com intenções sãs, tende a induzir seus membros a continuar sendo saudáveis. A egrégora de felicidade, procura "obrigar" seus amos a permanecer sendo felizes. Dessa forma, vale aqui a questão: quem domina a quem? Conhecendo as leis naturais, você canaliza forças tremendas, como o curso de um rio, e as utiliza para produzir energia em seu benefício.

A única maneira de vencer a influência da egrégora é não se opor frontalmente a ela. Para tanto, é preciso ter Iniciação, estudo e conhecimento suficiente sobre o fenômeno. Como sempre, as medidas preventivas são melhores do que as corretivas. Portanto, ao invés de querer mudar as características de uma determinada egrégora, o melhor é só gerar ou associar-se a egrégoras positivas. Nesse caso, sua vida passará a fluir como uma embarcação navegando a favor da correnteza. Isso é fácil de se conseguir. Já que a egrégora é produzida por grupos de pessoas, basta você se aproximar e frequentar as pessoas certas: gente feliz, descomplicada, saudável, de bom caráter, boa índole. Mas também com fibra, dinamismo e capacidade de realização; sem vícios nem mentiras, sem preguiça ou morbidez. O difícil é diagnosticar tais atributos antes de se relacionar com elas.

Uma vez obtido o grupo ideal, todas as egrégoras geradas ou nas quais você penetre, vão induzi-lo à saúde, ao sucesso, à harmonia e à felicidade.

Os antigos consideravam a egrégora um ser vivo, com força e vontade próprias, geradas a partir dos seus criadores ou alimentadores, porém, independente das de cada um deles. Para vencê-la ou modificá-la, seria necessário que todos os genitores ou mantenedores o quisessem e atuassem nesse sentido. Acontece que, como cada um individualmente está sob sua influência, praticamente nunca se consegue superá-la.

Se você ocupa uma posição de liderança na empresa, família, clube etc., terá uma arma poderosa para corrigir o curso de uma egrégora. Poderá afastar os indivíduos mais fracos, mais influenciáveis pelos condicionamentos impostos pela egrégora e que oponham mais resistência às mudanças eventualmente propostas. É uma solução drástica, sempre dolorosa, mas, às vezes, imprescindível. Contudo, não se sinta muito confiante. Lembre-se da Revolução Francesa e de todas as outras revoluções. Os poderosos podem ser depostos!

Se, entretanto, você não ocupa posição de liderança, o mais aconselhável é seguir o ditado da sabedoria popular: os incomodados que se mudem. Ou seja, saia da egrégora, afastando-se do grupo *e de cada indivíduo pertencente a ele*. Isso poderá não ser muito fácil, mas é a melhor solução.

Outro fator fundamental neste estudo é o da incompatibilidade entre egrégoras. Como todo ser humano está sujeito a conviver com a influência de alguns milhares de egrégoras, a arte de viver consiste em só manter no seu espaço vital egrégoras compatíveis. Sendo elas forças grupais, um indivíduo será sempre o elo mais fraco. Se estiverem em dessintonia umas com as outras, geram um campo de força de repulsão e, se você está no seu comprimento de onda, ao repelirem-se mutuamente, elas rasgam-no ao meio, energeticamente. Dilaceram suas energias, como se você estivesse sofrendo o suplício do esquartejamento, com um cavalo amarrado em cada braço e em cada perna, correndo em direções opostas.

Esse esquartejamento traduz-se por sintomas, tais como ansiedade, depressão, nervosismo, agitação, insatisfação ou solidão. Num nível mais agravado, surgem problemas na vida particular, familiar, afetiva, profissional e financeira, pois o indivíduo está disperso e não centrado. No grau seguinte, surgem neuroses, fobias, paranoias, psicopatologias diversas, que todos percebem, menos o *mesclante*. Finalmente, suas energias entram em colapso e surgem somatizações concretas de enfermidades físicas, das quais, uma das mais comuns é o câncer.

Isso tudo, sem mencionar o fato de que **duas ou mais correntes de aperfeiçoamento pessoal, se atuarem simultaneamente sobre o mesmo indivíduo, podem romper seus chakras**, já que cada qual induz movimento em velocidades, ritmos e até sentidos diferentes naqueles centros de força.

Com relação à compatibilidade, há algumas regras precisas, das quais pode ser mencionada aqui a seguinte: as **egrégoras semelhantes são incompatíveis** na razão direta da sua semelhança; as diferentes são compatíveis na razão direta da sua dessemelhança. Você imaginava o contrário, não é?

Todo o mundo se engana ao pensar que as semelhantes são compatíveis e ao tentar a coexistência de forças antagônicas, as quais terminam por destruir o estulto que o intentara.

A melhor demonstração da regra acima é o João do exemplo já citado. Ele, como um homem normal, tem uma egrégora de família, uma de profissão, uma de religião, uma de partido político, uma de clube de futebol, uma de etnia, uma de país e assim sucessivamente. Como são diferentes entre si, conseguem coexistir sem problemas. Aquele homem poderia ter qualquer profissão e qualquer partido político, torcer por qualquer clube e frequentar qualquer igreja.

Agora relembremos o caso oposto, também já citado. Esse mesmo homem resolve ter duas famílias, torcer por vários times de futebol, pertencer a partidos políticos opostos, exercer várias profissões simultaneamente e ter diversas religiões, por exemplo, ser evangélico, muçulmano e hindu ao mesmo tempo! Convenhamos que a pessoa em questão é psiquiatricamente desequilibrada. Não obstante, é o que muita gente faz quando se trata de seguir correntes de aperfeiçoamento interior: a maioria acha que não tem importância misturar aleatoriamente Yôga, Tai-chi, Budismo, Macrobiótica, Teosofia e quantas coisas mais se lhe cruzarem pela frente. Então, bom proveito na sua salada mista!

As mesclas minam a credibilidade; a especialização a enaltece.
DeRose

O FATOR DE PROTEÇÃO DA EGRÉGORA

A egrégora é também um ente que pode, sob certo aspecto, ser associado ao conceito de anjo protetor. É inegável que a consolidação de laços entre o indivíduo e o grupo, integre o primeiro com um registro do inconsciente coletivo. Se você estiver identificado com a nossa egrégora, onde quer que esteja, o "Anjo Gregário" o envolve com suas asas protetoras. Seja dia ou noite, Américas, Europa ou Ásia, nos altos ou nos baixos da vida, você estará sempre amparado e jamais estará só. Os reveses serão bastante amortecidos, pois seu impacto cru é absorvido pelo poder gregário de milhões de irmãos desta confraria mundial sem muros. Enquanto integrado, cada um de nós tem a força de milhões. É isso que nos faz vencedores onde os demais são perdedores.

Se você está identificado e bem integrado em nossa egrégora, nos momentos de necessidade poderá recorrer ao auxílio do Anjo Gregário, praticando alguma técnica do DeRose Method, ou mesmo lendo algum livro nosso para fortalecer os liames e, em seguida, mentalizando o que você deseja. Outra forma eficiente de se manter dentro do círculo de proteção da nossa egrégora é preservar um contato constante com o maior número possível de companheiros da mesma sintonia.

Como prever boa parte do seu futuro

Para saber se vale a pena envidar esforços para mudar o seu karma e qual parte dele alterar, devemos, antes, promover uma rápida pesquisa. Quantos anos você vai viver, aproximadamente? Que enfermidades terá? Como serão suas relações afetivas? Como estará a sua conta bancária e a circunferência do seu abdômen, tudo isso daqui a 10, 20, 30 ou 40 anos? É muito fácil deduzirmos esses e outros dados. Trace um gráfico imaginário com três linhas ascendentes: **A**, **B**, e **C**.

Depois, divida cada uma dessas linhas em escala de dez em dez anos, até os 120, pois é o mínimo que você deverá viver se dedicar-se ao nosso Método desde cedo e não interromper a prática[9].

---

9 É óbvio que nesta estimativa hão de interferir a programação genética e os acontecimentos fortuitos.

VÍDEO Nº 19 • KARMA E DHARMA
PROJEÇÕES PARA ESTIMATIVA DO KARMA FUTURO

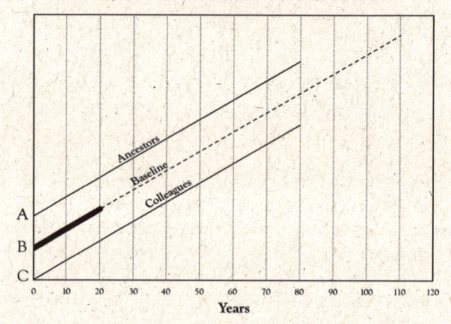

Quadro extraído da versão deste livro publicada nos Estados Unidos.

A linha **B** é você. Se estiver, por exemplo, com 20 anos de idade, traçará uma linha cheia de zero a 20 e prosseguirá com uma linha tracejada a partir dessa idade. A linha **A** é a dos seus **Ancestrais**. E a linha **C** é a dos seus **Colegas** de profissão mais velhos.

Comecemos pela linha **B**. Só com ela já é possível inferir uma série de conclusões a respeito de como o seu karma está programado. Supondo que você esteja com 20 anos de idade, olhe para trás e avalie como foi a sua saúde nessas primeiras duas décadas de vida. Você tem sido uma pessoa saudável ou doentinha? Se não ocorrer nenhum fator de interferência sobre essa tendência, a probabilidade é a de que você continue assim. Tem sido magro ou gordinho? A probabilidade é a de que você continue assim pelas próximas décadas, se não fizer nada que modifique isso. Naqueles primeiros anos de vida você foi pobre ou esteve bem de vida? Nos futuros 10, 20, 30 ou 40 anos essa inclinação se repetirá, se não ocorrer nenhum fator que interfira na trajetória da sua existência. Você poderá incluir nessa pesquisa um sem-número de outras informações sobre o seu passado que tenderão a refletir-se sobre o seu porvir. Portanto, apenas com essa linha já é possível saber muito sobre o que o karma lhe reserva pela vida afora.

Vamos agora reforçar ou atenuar essas informações, conferindo os resultados com a linha **A**, dos **A**ncestrais. Para este estudo, vamos considerar Ancestrais não apenas os pais e avós, mas também tios, primos mais velhos e irmãos mais velhos. O que nós queremos é saber quais propensões genéticas e culturais estarão pesando sobre este indivíduo pesquisado.

Assim, se a linha dos Ancestrais mostra que a maior parte dos mais velhos dessa corrente genética é ou era obesa, ou pobre, ou enferma etc., esses fatores não podem ser desprezados. É claro que toda a família pode ser gorda e você não. Todos podem ser pobres e você ter vencido na vida por seu próprio esforço. Todos podem ser enfermos, mas você praticar DeROSE Method e ter uma saúde diferente. No entanto, o fator de risco genético e cultural tem que ser levado em conta.

Se havia casos de diabetes, câncer ou doenças cardio-vasculares, seus genes podem carregar essas tendências. Se você provém de uma família de empregados, a tendência natural é procurar emprego, ao invés de voltar sua atenção para um meio mais seguro e independente de ganhar a vida. Se for filho de pais divorciados, a probabilidade é a de que se divorcie também. Não se trata apenas de influência genética, mas também de herança cultural. A média dos Ancestrais da sua família morreu em torno dos 80 anos? Então, pode esperar que essa seja a idade da sua morte, se não fizer nada que modifique tal tendência.

Compare a linha **B** com a **A** e constate que não precisa de quiromantes para ler o seu futuro. Ele está aí mesmo, acenando para que você o enxergue. Mas, às vezes, não queremos ver.

Vamos, finalmente, comparar as possibilidades kármicas com o tiro de misericórdia, qual seja, a escolha da sua carreira profissional. A linha **C** é a dos **C**olegas de profissão, da carreira que você escolheu. Suponha que você tenha escolhido alguma daquelas profissões mais estereotipadas e haja elegido formar-se em engenharia, medicina, odontologia, advocacia ou empreendedorismo. Ou alguma cujo mercado de trabalho esteja menos saturado, como astronomia, astrofísica. Seja qual for. Volte seus olhos para os profissionais da carreira escolhida por você e verifique: como está a boa forma física, a conta bancária, a saúde, o casamento, a felicidade, a realização pessoal de cada um deles com 10, 20, 30 e 40 anos mais do que você? Talvez um ou outro esteja ganhando bem, mas a maioria como está? Talvez um ou outro esteja feliz, porém, a maioria, como está?

Sabe-se que cada profissão produz um tipo de doença que ceifa um percentual expressivo dos trabalhadores daquela área. As agências de seguros têm até tabelas para calcular que doenças você terá e com que idade deverá morrer, de acordo com a sua profissão. Em cima disso, farão os cálculos de quanto deverá pagar. Por exemplo: quem trabalha em minas de carvão terá problemas pulmonares; quem trabalha com amianto (agora já proibido em vários países) contrairá câncer; empresários terão problemas cardio-vasculares; executivos terão úlceras; dentistas desenvolverão escoliose. Parece que a questão é escolher que doença você prefere ter e, então, escolher a carreira!

Agora, juntando os dados obtidos com as três linhas **A**, **B** e **C**, já podemos nutrir uma razoável certeza de como será a sua vida daqui para a frente, prever como estará a sua conta bancária, o seu casamento, a sua pança, que doenças terá e com que idade morrerá.

Se o resultado desta pesquisa lhe agradou, não mude nada. Você, provavelmente, tem um potencial kármico positivo. No entanto, se algo não lhe agradou, está na hora de mudar. E mudar já, pois cada minuto perdido contribuirá para consolidar mais e mais as tendências que você gostaria de alterar.

Por exemplo, alguém que tenha:

1) predisposição **genética** para o câncer, uma previsão para morrer com 50 anos;

2) e, em contrapartida, uma herança **cultural** de *stress*, segregação de toxinas endógenas por emoções pesadas e consumo de fumo, álcool e carnes.

Se essa pessoa começar a praticar DeROSE Method, vai aprender a respirar melhor, a administrar o *stress*, vai incrementar *wellness* e saúde generalizada, vai aprimorar conceitos de higiene mental e orgânica, vai aprimorar suas emoções, seus hábitos e sua alimentação. Com apenas um desses fatores, evitando fumo, álcool e carnes, aquele câncer que o mataria aos 50, talvez só surja aos 70. Esse indivíduo terá ganho 20 anos de vida saudável! Isso, ele conseguirá apenas tornando-se aluno do nosso Método. Mas a profissão ocupa a maior parte do nosso dia-a-dia. O que dizer de trocar uma profissão causadora de doenças por uma outra que induza a ter mais saúde? Que nos realize? Que nos proporcione gratificação, segurança, liberdade, bastantes viagens, muitos amigos e ainda remunere condignamente? Talvez isso explique porque os instrutores de DeROSE Method manifestem um índice tão baixo de falecimentos.

Na verdade, isso merecia uma pesquisa científica. Em quase 50 anos de DeROSE Method no Brasil, só tivemos três óbitos[10]. Se alguém pensar em argumentar com o fato de que o nosso

---

10 Dados de 2008.

público é bem jovem, devemos contrapor que os jovens de há 40 ou 50 anos já não o são mais. Além disso, hoje somos muitos milhares, sem mencionar os tantos que já passaram desde 1960, ano em que comecei a lecionar. E acrescente-se que temos um percentual de pessoas com mais de 40 e com mais de 50 anos de idade. A possibilidade de incidência de enfermidades e acidentes sobre tanta gente é bem real. No entanto, parece que há algum fator que nos preserva.

MUDAR O KARMA É FÁCIL

Este autor mudou seu karma inúmeras vezes. A primeira vez que mudei meu karma foi aos 14 anos de idade. De forma incipiente, primitiva, comecei a formular aquela pesquisa das linhas **A**, **B** e **C**. Olhei para meu longo passado de infância, puberdade e adolescência recém-iniciada e não gostei do que vi. Se as coisas continuassem assim, eu seria um adulto infeliz e fracassado. Não esperei por mais nada. Naquele mesmo dia, escrevi uma enorme lista de pequenas coisas que queria mudar na minha vida. Cada uma delas era insignificante, até mesmo ridícula. Mas no conjunto foram tantas pequenas mudanças, realizadas todas simultaneamente, que alteraram radicalmente minha vida, meu destino.

Descobri que era fácil. A partir dali, a cada cinco ou dez anos passei a mudar o karma só como treinamento, pois no futuro poderia necessitar dessa aptidão e precisava estar bem adestrado. Mais tarde, uma amiga minha, astróloga, declarou que a astrologia para mim não funcionava, pois eu trocava de karma como quem troca de camisa. É isso o que eu quero lhe ensinar.

Por que um jovem que esteja descontente na sua faculdade continua nela? Por que não troca de formação?

Por que um profissional insatisfeito com a profissão continua nela? Por que não muda de carreira?

Por uma única razão: medo. Medo de mudar. Medo do desconhecido. As pessoas não mudam de karma por medo. "Este casamento está uma droga, mas já estou habituado com ele. Seus defeitos eu já conheço; outro, seria o desconhecido." "Esta cidade não dá futuro, mas sempre vivi aqui. Bem ou mal, consigo me virar. Noutra cidade, eu não sei como seria."

A grande neurose do ser humano é o dilema que imobiliza e instala o pavor. O que fazer? Se correr, o bicho pega; se ficar, o bicho come...

Sim, mas se enfrentar, o bicho foge! O que você precisa é tomar uma decisão.

Mudar karma é uma coisa que se faz já ou nunca. Não é coisa que deixe para a próxima segunda-feira ou para o próximo Ano Novo.

Espero que este capítulo o tenha sacudido tão fortemente que, a partir de hoje, você tome coragem e daqui para a frente molde o seu destino como bem lhe entender.

Programação para o sucesso

Atribuo muito do sucesso que tive na vida ao fato de exercer uma reprogramação constante ao longo dos anos.

Criei fórmulas segundo as necessidades de cada momento e fui aperfeiçoando-as. Com o passar do tempo, descobri construções de frases com a propriedade de ir diretamente aos setores do inconsciente que determinam as reações do indivíduo. Ora, são as reações da pessoa, ou seja, sua maneira de reagir às circunstâncias da vida, que a direcionam para o sucesso ou para o fracasso, a ter amigos ou não tê-los, a ser saudável ou cultivar uma enfermidade, ser feliz ou infeliz.

Por exemplo, quando um desconhecido olha alguém insistentemente, uma pessoa menos educada poderá reagir com agressividade, retrucando: *"O que é que você está olhando?"*. Enquanto outra mais refinada poderá retribuir o olhar com um sorriso espontâneo e automático, pois essa é a forma pela qual reage naturalmente. O primeiro terá ganho um inimigo, poderá escutar o que não gostaria, poderá mesmo chegar às últimas consequências de um confronto. Já o segundo terá conquistado mais um amigo, uma pessoa que poderá até ajudá-lo no futuro. De reciprocidades fazem-se as histórias de sucesso na vida.

Portanto, não convence essa conversa de que tudo acontece de mal *"só com você"*. As mesmas coisas acontecem com todo o mundo. Só que alguns reagem com esportividade e simpatia, outros com paranóia e histeria.

Quanto à autorreprogramação emocional positiva, ela se mostra eficaz dependendo das construções verbais utilizadas. É preciso levar em conta que nosso emocional é uma criança. Vai pelo que lhe for mais agradável. Uma frase verdadeira que, entretanto, não tenha a métrica, a melodia e o sentido cativante, não consegue penetrar a blindagem com que o psiquismo se protege do bombardeio constante de sugestões procedentes do exterior, seja pela propaganda, seja pelas tentativas naturais de um interlocutor convencer o outro numa simples troca de idéias ou numa discussão sobre algum assunto mais acalorado.

Uma afirmação tal como *"sou bonito"*, provavelmente seria rejeitada pelo inconsciente e, portanto, nula para a maior parte das pessoas. Por outro lado, se aceita pelo psiquismo, tal afirmação constituiria a implantação de uma mera auto-sugestão, simples enganação que não levaria a nenhum progresso verdadeiro no sentido de aperfeiçoar sua boa aparência.

A autorreprogramação progressiva funciona assim:

(1º. estágio) *"**quero** melhorar minha aparência pessoal"*, consequentemente,

(2º. estágio) *"**vou** progredir gradualmente para melhorar minha aparência pessoal"*, e, conclusão,

(3º. estágio) *"**estou** melhorando sempre mais a minha aparência pessoal"*.

Essa, sim, é uma estratégia convincente. Transmite maturidade, veracidade, consistência. Proporciona tempo e condições para que a ordem seja obedecida. Estabelecer metas e prazos é bem eficaz.

Para mentalizar de manhã, ao levantar:

Recebo este novo dia em minha vida com a disposição de ser uma pessoa melhor e mais feliz.

Quero me reeducar gradualmente para servir melhor as pessoas com quem me relacionar neste dia.

Vou aprender mais coisas, realizar algo de bom, regozijar-me com as coisas belas e simples como uma brisa, um raio de sol, um pássaro, uma flor.

Quero ser mais tolerante hoje do que ontem, e amanhã mais do que hoje. Desejo compartilhar as boas coisas, bons pensamentos.

Se receber uma agressão:

Sei que essa pessoa está com problemas. A vida não deve ter sido tão boa com ela quanto tem sido comigo. Sou grato por isso. Assim, encontro forças para superar este incidente e seguir em frente a fim de usufruir o que a vida me reserva de melhor.

Quando alguém precisar de auxílio:

Sou mais feliz do que a maioria das pessoas. Quero fazer o máximo ao meu alcance para levar um pouco de felicidade a todos. Ainda que isso me custe algo, sinto-me recompensado por ter sido mensageiro da felicidade. Portanto, não espero nenhum reconhecimento nem gratidão.

Se algo correr mal:

Podia ter sido pior. Estou feliz por ter sido só isto. Mesmo assim, quero que no futuro minhas atitudes reduzam as probabilidades de que circunstâncias assim voltem a acontecer.

VOCÊ ESTÁ INSATISFEITO?
Extraído do livro **Boas Maneiras**, deste autor.

> *Obstáculos e dificuldades fazem parte da vida.*
> *E a vida é a arte de superá-los.*
> DeRose

Meio século de magistério me ensinou a aceitar um defeito do ser humano como algo incurável: sua insatisfação.

Dei a volta ao mundo inúmeras vezes e conheci muita, mas muita gente mesmo. Travei contato próximo com uma infinidade de fraternidades iniciáticas, entidades culturais, associações profissionais, academias desportivas, universidades, escolas, empresas, federações, fundações... Em todas elas, sem exceção, havia descontentamento.

Em todos os agrupamentos humanos há uma força de coesão chamada egrégora. Pela lei de ação e reação, toda força tende a gerar uma força oponente. Por isso, nesses mesmos agrupamentos surgem constantemente pequenos desencontros. Estes passam a ganhar contornos dramáticos pela refração de uma óptica egocêntrica que só leva em conta a satisfação das expectativas de um indivíduo isolado que analisa os fatos de acordo com suas próprias conveniências.

Noutras palavras, se os fatos pudessem ser analisados sem a interferência deletéria dos egos, constatar-se-ia que nada há de errado com aqueles fatos, a não ser a instabilidade emocional de quem os vivencia. Instabilidade essa que é congênita em todos os seres humanos. Uma espécie de erro de projeto original, que ainda está em processo de evolução. Afinal, somos uma espécie extremamente jovem em comparação com as demais formas de vida no planeta. Estamos na infância da nossa evolução e, como tal, cometemos inapelavelmente as imaturidades naturais dessa fase.

Observe que raríssimas são as pessoas que estão satisfeitas com seus mundos. Em geral, todos têm reclamações do seu trabalho, dos seus subalternos e dos seus superiores; da sua remuneração e do reconhecimento pelo seu trabalho; reclamações dos seus pais, dos seus filhos, dos seus cônjuges, do seu condomínio, do governo do seu País, do seu Estado, da sua cidade, da polícia, da Justiça, do departamento de trânsito, dos impostos, dos vizinhos mal-educados, dos motoristas inábeis, dos pedestres indisciplinados... Quanta coisa para reclamar, não é?

Se formos por esse caminho, concluiremos que o mundo não é um lugar bom para se viver e seguiremos amargurados e amargurando os outros. Ou nos suicidaremos!

Já na antiguidade, os hindus observaram esse fenômeno da endêmica insatisfação humana e ensinaram como solucioná-la:

"Se o chão tem espinhos, não queira cobrir o solo com couro. Cubra os seus pés com calçados e caminhe sobre os espinhos sem se incomodar com eles."

Ou seja, a solução não é reclamar das pessoas e das circunstâncias para tentar mudá-las e sim educar-se a si mesmo para adaptar-se. A atitude correta é parar de querer infantilmente que as coisas se modifiquem para satisfazer ao seu ego, mas sim modificar-se a si mesmo para ajustar-se à realidade. Isso é maturidade.

Ficar constantemente reclamando é uma atitude neurótica, pois jamais você poderá modificar pessoas ou instituições para que se ajustem aos seus desejos. Não seja um desajustado.

Então, vamos parar com isso. Vamos aceitar as pessoas e as coisas como elas são. E vamos tratar de gostar delas. Você vai notar que elas passam a gostar muito mais de você e as situações que antes lhe pareciam inamovíveis, agora se modificam espontaneamente, sem que você tenha de cobrar isso delas. Experimente. Você vai gostar do resultado!

A Síndrome da Felicidade

O que é pior: ser infeliz ou estar convencido disso?
DeRose

Quando comecei a lecionar era muito jovem e o caldo de cultura onde a Filosofia Hindu fermentava era de pessoas espiritualistas, intolerantes e preconceituosas. Enquanto não conquistei o reconhecimento fora do país e enquanto não fui à Índia durante mais de 20 anos consecutivos, a comunidade relutou em acatar a sistematização do DeRose Method.

Isso foi extremamente útil, pois descobri que quanto mais me pressionavam, mais força eclodia para reagir e mais realizações afloravam. Desfrutava até de um certo estímulo ao vencer os obstáculos que eram impostos pelos concorrentes invejosos e agressivos. Por outro lado, nos períodos em que estava tudo bem, acomodava-me. Se esse período de bonança se prolongava, sentia alguma melancolia.

Comecei a observar as outras pessoas e notei que a maioria reage da mesma forma. Então elaborei a teoria da *Síndrome da Felicidade*, registrada em 1969, a qual contribuiu bastante para que pudesse ajudar aos demais em seus conflitos existenciais, conjugais etc.

A teoria baseia-se no fato de que o ser humano é um animal em transição evolutiva e que, nos seus milhões de anos de evolução, somente há uns míseros dez mil anos começou a construir aquilo que viria a ser a civilização. E só nos últimos séculos, sentiu o gosto amargo das restrições impostas como tributo dessa aventura.

Como animais, temos nossos instintos de luta, os quais compreendem dispositivos de incentivo e recompensa pela sensação emocional e mesmo fisiológica de satisfação cada vez que vencemos, quer pela luta, quer pela fuga. A fuga também é uma forma de vitória, já que o animal conseguiu vencer na corrida ou na estratégia de fuga; e seu predador foi derrotado, uma vez que não o conseguiu alcançar.

Numa situação de perigo, o instinto ordena lutar ou fugir. Quando acatamos essa necessidade psico-orgânica, o resultado na maior parte das vezes, é a saúde e a satisfação que se instala no estágio posterior.

Se não é possível fugir nem lutar, desencadeiam-se estados de *stress* que conduzem a um leque de distúrbios fisiológicos diversos. Isto tudo já foi exaustivamente estudado em laboratório e divulgado noutras obras.

O que introduzimos na teoria da *Síndrome da Felicidade* é a descoberta de um fenômeno quase inverso ao que foi descrito e que os pesquisadores ainda não situaram a contento. Trata-se daquela circunstância mais ou menos duradoura na qual não há necessidade de lutar nem de fugir porque está tudo bem. Bem demais, por tempo demais.

Isso geralmente acontece com maior incidência nos países de grande segurança social e numa proporção assustadora nas famílias mais abastadas.

O dispositivo de premiação com a sensação de vitória, sua consequente euforia e auto-valorização por ter vencido na luta ou na fuga, tal dispositivo em algumas pessoas não é acionado com a frequência necessária. Como consequência o animal sente falta – afinal é um mecanismo que existe para ser usado, mas não o está sendo – e, então, ele cai em depressão.

Em 1969, quando descrevi pela primeira vez esta teoria, deduzi que a depressão ou a tristeza poderia ser devida à falta da produção de uma substância que, na época, chamei de *endoestimulina*, a qual o organismo para de segregar se não precisa lutar nem fugir por um período mais ou menos longo, variável de uma pessoa para outra.

Em 1975, as endorfinas foram descobertas, o que veio a proporcionar uma fundamentação a mais para a teoria da Síndrome da Felicidade. Se quisermos considerar o lado fisiológico do fenômeno, podemos atribuir a depressão a um desequilíbrio das endorfinas, neurotransmissores e seus respectivos receptores.

O cachorro doméstico entra em depressão, mas não sabe por quê. A dona do cãozinho também não sabe a causa da sua própria depressão, já que o processo é inconsciente, porém, seu cérebro, mais sofisticado do que o do cão, racionaliza, isto é, elabora uma justificativa e atribui sua profunda insatisfação a causas irrelevantes. Não adiantará satisfazer uma suposta carência, imaginariamente responsável pela insatisfação ou depressão: outra surgirá em seguida para lhe ocupar o lugar e permitir a continuidade da falsa justificativa. O exemplo acima poderia ser com pessoas de ambos os sexos e todas as idades, mas, para ocorrer, é preciso que a pessoa seja feliz.

Resumindo, quando o ser humano está tendo que lutar por alguma coisa não há espaço em sua mente para se sentir infeliz. Se ele não pode lutar nem fugir, primeiro sobrevêm reações violentas; depois, a apatia e a somatização de várias doenças. Mas se está tudo bem, bem demais, por tempo demais, o indivíduo começa a sentir infelicidade por falta do estímulo de *perigo-luta-e-recompensa*. Como isso ocorre em nível do inconsciente, a pessoa tenta justificar sua infelicidade, atribuindo-a a coisas que não teriam o mínimo efeito depressivo em alguém que estivesse lutando contra a adversidade.

Exemplos:

- Na Escandinávia, onde a população conta com uma das melhores estruturas de conforto, paz social, segurança pessoal e estabilidade econômica, é onde se verifica um dos maiores índices de depressão e suicídio no mundo. Durante a guerra do Vietnam, onde os habitantes locais teriam boas razões para abdicar da vida, o índice de suicídios foi quase nulo.

- Os países mais civilizados que não teriam motivos para passeatas e agitações populares, pois nada há a reclamar dos seus governos, com alguma frequência realizam as mesmas manifestações, mas agora com outros pretextos, tais como o ambientalismo, o pacifismo ou a defesa dos direitos humanos na América do Sul.

Assim, sempre que algum aluno ou aluna vinha chorar as mágoas, explicava-lhe nossa teoria da *Síndrome da Felicidade* e concluía dizendo:

— Se você se sente infeliz sem razão, ou o atribui a essas razões tão pequenas, talvez seja porque você é feliz demais e não está conseguindo metabolizar sua felicidade. Algo como

indigestão por excesso de felicidade. Pense nisso e pare de reclamar da vida. Procure algum ideal, arte, filantropia e comece a ter que lutar por isso. Nunca mais precisará tomar Prozac.

Conclusão

"O karma impele, mas não compele."

Quanto vale um dia da sua vida? Quanto você pagaria por mais um dia de vida? Hoje, provavelmente, não pagaria nada, pois acredita que está longe daquele momento fatídico. No entanto, imagine que o tempo passou e que você está na hora da verdade. Por motivo de acidente ou doença, é informado de que este é o seu último dia de vida. E que alguém lhe conseguisse mais um dia. Quanto você lhe pagaria para viver mais 24 horas?

Certamente, você lhe pagaria tudo o que tem por **um dia** a mais de vida. Pense, agora, quanto vale **um ano** a mais de vida? Quanto valem **dez anos** a mais? Pois, provavelmente, isso é o mínimo que o DeRose Method lhe proporcionará, desde que você se dedique com disciplina, pratique metodicamente e incorpore os preceitos deste sistema. Quanto ele vale, então, em termos de investimento de tempo, de dinheiro ou de dedicação?

No dia em que decidiu praticar o DeROSE Method, você deu uma grande guinada no seu karma. No dia em que leu o primeiro livro da nossa proposta de estilo de vida, começou a consolidar essa mudança de destino. Quando alterou os seus hábitos, substituindo-os por outros mais saudáveis, conforme ensina o nosso Método, você deve ter contabilizado mais dez, ou vinte ou trinta anos de vida. Ao travar contato pessoal com uma escola da nossa linhagem, passou a cultivar qualidade de vida naqueles 10, 20 ou 30 anos que você deve estar incrementando à sua existência.

O que você precisa a partir de então é de estabilidade nessa decisão. Precisa ter persistência, disciplina e permanecer nesta reeducação comportamental. Quanta gente há que está numa boa casa, num bom trabalho, numa boa relação afetiva e resolve mudar só "para variar"? Há quem pare de praticar a cultura que propomos para fazer outra coisa, ou por ter-se mudado de residência e estar morando longe de uma boa escola, ou por motivos de família, ou por falta de tempo.

Na verdade, nenhuma dessas desculpas justifica a interrupção, até porque você pode continuar praticando através de livros, áudios, vídeos e Skype. A razão verdadeira é a instabilidade, é não conseguir se dedicar a alguma atividade por mais tempo. Quanta coisa você já começou e não continuou, não é mesmo? Pois o DeROSE Method merece uma atenção especial. Merece que você invista nele. Merece prioridade. Aplicando prioridade a esta Cultura, você verá que há tempo, sim senhor, para ele em seu dia-a-dia. É só colocá-lo em primeiro lugar na sua agenda. Depois, preencha os demais compromissos no tempo que sobrar. E não o contrário.

Com o que leu neste livro e com a sua prática regular do nosso sistema, você vai perceber câmbios radicais no seu destino, vai tornar-se o comandante dessa nave que é a sua vida. Em pouco tempo, estará interferindo positivamente em todos os eventos da saúde, da família, do amor, das finanças, mesmo daqueles que pareciam não depender de você. Tudo o que precisa é manter ritmo e estabilidade na dedicação à filosofia que preconizamos.

Recomendações finais

Como despedida, deixo-lhe estas recomendações:

Comece agora mesmo a releitura deste livro, dando especial atenção aos trechos que já foram assinalados por você na primeira leitura. Releia com mais calma, saboreando cada parágrafo e parando para meditar e assimilar o seu conteúdo.

Conheça meus outros livros:

1. *Quando é Preciso Ser Forte*
2. *Sucesso*
3. *Método para um Bom Relacionamento Afetivo*
4. *Método de Boas Maneiras*
5. *Método de Boa Alimentação*
6. *Coisas que a vida me ensinou*
7. *Pensamentos*
8. *Eu me lembro...*
9. *Mensagens*
10. *Anjos Peludos (Método de Educação de cães e humanos)*
11. *Você está preparado para a Morte?*
12. *Meditação*
13. *Chakras e kundaliní*
14. *Corpos do Homem e Planos do Universo*
15. *Tratado de Yôga*

16. Yôga Sútra de Pátañjali
17. Encontro com o Mestre
18. Programa do Curso Básico
19. Origens do Yôga Antigo

Leia e estude especialmente os dois primeiros que são os mais importantes e têm o poder de mudar a vida de uma pessoa.

Considere a possibilidade de tornar-se um instrumento para melhorar, não só o seu karma, mas o destino de milhares de seres humanos. Venha participar de workshops, consultorias, conselhamento ou cursos sobre temas relativos ao DeROSE Method. Esses cursos se realizam em todo o Brasil, Argentina, Chile, Estados Unidos, Canadá, Portugal, Espanha, Itália, França, Inglaterra, Escócia, Finlândia e outros países. Brevemente, na Alemanha, Suiça e Austrália.

SE QUISER IR MAIS FUNDO

Recomendamos que você faça uma aplicação para a Mentoria com o autor. Trata-se de alguns encontros com o Comendador DeRose, em um pequeno grupo muito seleto, que poderão transformar a sua vida e alterar o seu destino para sempre. Escreva ao e-mail abaixo a fim de receber o contato com os organizadores:

secretaria@DeRoseMethod.org

Histórico e trajetória do Autor no Yôga
Um registro histórico do Yôga no Brasil

Texto resumido.

Em 1960, DeRose começou a lecionar gratuitamente numa conhecida sociedade filosófica, tornando-se assim um dos primeiros professores de Yôga do Brasil.

Em 1964, fundou o Instituto Brasileiro de Yôga, no qual conseguiu conceder centenas de bolsas de estudo, mantendo mais da metade dos alunos em regime de gratuidade total de 1964 a 1975.

Em 1969, publicou o primeiro livro (**Prontuário de Yôga Antigo**), que foi elogiado pelo próprio Ravi Shankar, pela Mestra Chiang Sing e por outras autoridades.

Em 1974, viajou por todo o país ministrando cursos e percebeu que a maior parte dos professores era constituída por gente muito boa e que estava ansiosa por acabar com a desunião reinante entre aqueles que pregavam a paz e a tolerância. Estavam todos querendo que surgisse uma instituição que os congregasse e conciliasse. Pediu que esperassem sua volta da Índia para fundar o movimento de união de todas as modalidades.

Em 1975, foi à Índia pela primeira vez. Retornaria aos Himálayas durante 24 anos. Estudou com Krishnánanda, Nádabrahmánanda, Turyánanda, Muktánanda, Yôgêndra, Dr. Gharote e outros. Segundo os hindus, eles foram os últimos Grandes Mestres vivos, os derradeiros representantes de uma tradição milenar em extinção. Quando voltou da primeira viagem à Índia, sentiu muito mais força, agora investido da bênção dos Mestres e do poder milenar dos Himálayas. Com essa energia fundou a União Nacional de Yôga, a primeira entidade a congregar instrutores e escolas de todas as modalidades de Yôga, sem discriminação. Foi a União Nacional de

Yôga que desencadeou o movimento de união, ética e respeito mútuo entre os profissionais dessa área de ensino. Desencadeou uma grande corrente de apoio por parte dos colegas de diversos ramos de Yôga. Isso coincidiu com a cessação dos exames pela Secretaria de Educação do Estado da Guanabara, o que, forçosamente, levantou o outro braço da balança, projetando o Prof. DeRose como preparador dos futuros instrutores. Estava sendo lançada a sementinha da Primeira Universidade de Yôga do Brasil, que surgiria duas décadas depois, em 1994.

A partir da década de 1970, introduziu os **Cursos de Extensão Universitária para a Formação de Instrutores de Yôga** em praticamente todas as Universidades Federais, Estaduais e Católicas do Brasil, daquela época.

Em 1978, o Prof. DeRose liderou a campanha pela criação e divulgação do **Primeiro Projeto de Lei visando à Regulamentação da Profissão de Professor de Yôga**, o qual despertou viva movimentação e acalorados debates de Norte a Sul do país.

Em 1980, começou a ministrar cursos na própria Índia e a lecionar regularmente para instrutores de Yôga na Europa (o primeiro curso havia sido em Paris, 1975).

Em 1982, realizou o **Primeiro Congresso Brasileiro de Yôga**. Ainda em 82, lançou o primeiro livro voltado especialmente para a orientação de instrutores, o *Guia do Instrutor de Yôga*; e a primeira tradução do *Yôga Sútra de Pátañjali*, a mais importante obra do Yôga Clássico, já feita por professor de Yôga brasileiro.

Em 1994, completando 20 anos de viagens à Índia, fundou a **Primeira Universidade de Yôga do Brasil** e a **Universidade Internacional de Yôga** em Portugal.

Em 1997, DeRose lançou os alicerces do **Conselho Federal de Yôga** e do **Sindicato Nacional dos Profissionais de Yôga**. Pouco depois, retirou-se e entregou a direção do Conselho aos colegas de outras modalidades de Yôga a fim de tranquilizá-los no sentido de que não pretendia ser presidente dessa instituição e muito menos usá-la para benefício próprio.

Em 1998, DeRose foi citado nos Estados Unidos por Georg Feuerstein no livro *The Yoga Tradition*.

Em 2000, vários pensamentos de DeRose são citados no livro *Duailibi das Citações*, do publicitário Roberto Duailibi, da DPZ.

Em 2002, abandonou qualquer participação ativa na luta pela regulamentação. Tomou essa decisão para que os colegas de outras linhas de Yôga, Yóga, Yoga ou ioga ficassem bem à vontade para assumir a liderança e decidir, eles mesmos, como querem que seja realizada a tão importante regulamentação da profissão de instrutor de Yôga.

Em 2003, DeRose foi referido novamente por Georg Feuerstein no livro *The Deeper Dimension of Yoga*, Shambhala Publications, Inc.

Em 2007, publicou a obra mais completa sobre esta filosofia em toda a História: o primeiro *Tratado de Yôga* escrito no mundo, com cerca de mil páginas e mais de duas mil fotografias.

Em 2009, DeRose é citado no livro *Paris Yoga*, de Lionel Paillès, Editora Parigramme.

Em 2009, DeRose é citado pela revista *Time Out*, de New York.

Em 2010, DeRose é citado diversas vezes no livro *Lei de Diretrizes e Bases da Educação Nacional*, do Prof. Dr. Hamurabi Messeder.

Em 2010 recebeu o título de Professor **Doutor** *Honoris Causa* pela Faculdade de Ciências Sociais de Florianópolis.

Em 2011, DeRose é citado em uma extensa reportagem do jornal londrino *Evening Standard* de 23 de fevereiro de 2011, sobre o crescimento do DeRose Method na Inglaterra.

No Brasil, por lei estadual, a data do aniversário do Mestre DeRose, 18 de fevereiro, foi instituída como o **Dia do Yôga** em **14 ESTADOS**: São Paulo, Rio de Janeiro, Paraná, Santa Catarina, Rio Grande do Sul, Minas Gerais, Bahia, Mato Grosso, Mato Grosso do Sul, Pará, Goiás, Piauí, Ceará e mais o Distrito Federal.

Atualmente, DeRose comemora mais de 30 livros escritos, publicados em vários países e mais de um milhão de exemplares vendidos. Por sua postura avessa ao mercantilismo, conseguiu o que nenhum autor obtivera antes do seu editor: a autorização para permitir *free download* de vários dos seus livros pela internet em português, espanhol, alemão e italiano, e disponibilizou dezenas de *webclasses* gratuitamente no *site* **www.MetodoDeRose.org**, *site* esse que não vende nada.

Todas essas coisas foram precedentes históricos. Isso fez de DeRose o mais citado e, sem dúvida, o mais importante escritor do Brasil na área de autoconhecimento, pela energia incansável com que tem divulgado a filosofia hindu nos últimos mais de 50 anos em livros, jornais, revistas, rádio, televisão, conferências, cursos, viagens e formação de novos instrutores. Formou mais de 10.000 bons instrutores e ajudou a fundar milhares de espaços de cultura, associações profissionais, Federações, Confederações e Sindicatos. Hoje tem sua obra expandida por: Argentina, Chile, Portugal, Espanha, França, Inglaterra, Escócia, Itália, Luxemburgo, Indonésia, Estados Unidos etc.

FORA DO AMBIENTE DO YÔGA

RECONHECIMENTO PELAS INSTITUIÇÕES CULTURAIS E HUMANITÁRIAS, Assembléia Legislativa, Governo do Estado, Defesa Civil, Câmara Municipal, Exército Brasileiro, Polícia Militar, Rotary, Associação Paulista de Imprensa, Câmara Brasileira de Cultura, Ordem dos Parlamentares do Brasil, OAB, ABFIP **ONU-Brasil etc.**

Comemorando 40 anos de carreira no ano 2000, recebeu em 2001 e 2002 o reconhecimento do título de **Mestre** (não-acadêmico) e **Notório Saber** pela FATEA – Faculdades Integradas Teresa d'Ávila (SP), pela Universidade Lusófona, de Lisboa (Portugal), pela Universidade do Porto (Portugal), pela Universidade de Cruz Alta (RS), pela Universidade Estácio de Sá (MG), pela Universidade Estácio de Sá (SC), pelas Faculdades Integradas Coração de Jesus (SP), pela Câmara Municipal de Curitiba (PR).

Em 2001 recebeu da Sociedade Brasileira de Educação e Integração a Comenda da Ordem do Mérito de Educação e Integração.

Em 2003 recebeu outro título de Comendador, agora pela Academia Brasileira de Arte, Cultura e História.

Em 2004 recebeu o grau de Cavaleiro, pela Ordem dos Nobres Cavaleiros de São Paulo, reconhecida pelo Comando do Regimento de Cavalaria Nove de Julho, da Polícia Militar do Estado de São Paulo.

Em 2006 recebeu a Medalha Tiradentes pela Assembléia Legislativa do Estado do Rio de Janeiro e a Medalha da Paz, pela ABFIP ONU Brasil. No mesmo ano, recebeu o reconhecimento do título pela Câmara Brasileira de Cultura, pela Universidade Livre da Potencialidade Humana e o Diploma do Mérito Histórico e Cultural no grau de Grande Oficial. Foi nomeado Conselheiro da Ordem dos Parlamentares do Brasil.

Comendador DeRose recebendo a Medalha da Paz, da ABFIP ONU Brasil, em 2006.

Em 2008 recebeu a Láurea D. João VI em comemoração pelos 200 anos da Abertura dos Portos. No seu aniversário, dia 18 de fevereiro, recebeu da Câmara Municipal o título de Cidadão Paulistano. Em março, foi agraciado pelo Governador do Estado de São Paulo com o Diploma *Omnium*

Horarum Homo, da Defesa Civil. Neste ano, recebeu também a Cruz da Paz dos Veteranos da Segunda Guerra Mundial, a Medalha do Mérito da Força Expedicionária Brasileira, a Medalha MMDC pela Sociedade Veteranos de 32, a Medalha do Bicentenário dos Dragões da Independência do Exército Brasileiro e a Medalha da Justiça Militar da União.

Em novembro de 2008 foi nomeado Grão-Mestre Honorário da Ordem do Mérito das Índias Orientais, de Portugal.

Em virtude das suas atuações nas causas sociais e humanitárias, no dia 2 de dezembro, recebeu uma medalha da Associação Paulista de Imprensa. No dia 4 de dezembro, foi agraciado com a medalha Sentinelas da Paz, pela A. Boinas Azuis da ONU de Joinville, Santa Catarina. No dia 5 de dezembro, recebeu, na Câmara Municipal de São Paulo a Cruz do Reconhecimento Social e Cultural. No dia 9 de dezembro, recebeu no Palácio do Governo a medalha da Casa Militar, pela Defesa Civil, em virtude da participação nas várias Campanhas do Agasalho do Estado de São Paulo e na mobilização para auxiliar os desabrigados da tragédia de Santa Catarina. No dia 22 de dezembro, recebeu mais um diploma de reconhecimento da Defesa Civil no Palácio do Governo.

Em janeiro de 2009, recebeu o diploma de Amigo da Base de Administração e Apoio do Ibirapuera, do Exército Brasileiro.

Em 2010 recebeu o título de **Professor Doutor *Honoris Causa*** pela Faculdade de Ciências Sociais de Florianópolis, do Complexo de Ensino Superior de Santa Catarina - CESUSC).

DeRose é apoiado por um expressivo número de instituições culturais, acadêmicas, humanitárias, militares e governamentais que reconhecem o valor da sua obra e o tornaram o Mestre de filosofia hindu mais condecorado no mundo com medalhas, títulos e comendas. Contudo, ele sempre declara:

"As honrarias com que sou agraciado de tempos em tempos tratam-se de manifestações do respeito que a sociedade presta a esta filosofia e ao trabalho de todos os profissionais desta área. Assim, sendo, quero dividir com você o mérito deste reconhecimento."

Comendador DeRose recebendo a Medalha Marechal Falconière, em 2007. Na foto, também estão sendo agraciados o Coronel Mendes, do Grande Oriente do Brasil, e o Prior *Knight Grand Cross of Justice* Dr. Benedicto Cortez, da *The Military and Hospitaller Order of Saint Lazarus of Jerusalem*.

Comendador DeRose recebendo a Medalha Internacional dos Veteranos das Nações Unidas e dos Estados Americanos, em 2007, das mãos do Coronel Lemos.

Comendador DeRose no Museu da Marinha do Brasil, recebendo a Láurea D. João VI em comemoração pelos 200 anos da Abertura dos Portos, em 2008.

Na Câmara Municipal de São Paulo, o Comendador DeRose recebeu o título de Cidadão Paulistano no dia 18 de fevereiro de 2008. Na foto, da esquerda para a Direita, DeRose, o Presidente do Rotary São Paulo Morumbi, Dr. Gianpaolo Fabiano; o Presidente da Ordem dos Parlamentares do Brasil, Deputado Dr. Dennys Serrano; o Vereador José Rolim; o Presidente da Associação Brasileira dos Expedicionários das Forças Internacionais de Paz da ONU, Dr. Walter Mello de Vargas; e o Coronel Alvaro Magalhães Porto, Oficial do Estado Maior do Comando Militar do Sudeste.

O Comendador recebendo em 2005 a medalha comemorativa pelos 25 anos de DeRose em Portugal. Da esquerda para a direita, o escultor Zulmiro de Carvalho, os professores Luís Lopes, DeRose, António Pereira e o Vereador da Câmara Municipal de Gondomar, Fernando Paulo.

Comendador DeRose na solenidade de recebimento da Medalha MMDC, dos Veteranos de 32, em 2008.

Comendador DeRose recebendo a
Medalha do Bicentenário dos Dragões da Independência, em 2008.

Comendador DeRose, recebendo a Medalha da Justiça Militar da União, em 2008.

Comendador DeRose com o Prior *Knight Grand Cross of Justice* Dr. Benedicto Cortez, da *The Military and Hospitaller Order of Saint Lazarus of Jerusalem*, ambos com a Medalha da Justiça Militar da União.

Comendador DeRose, portando o Colar José Bonifácio e outras comendas, com Fernanda Neis, no evento de congraçamento e premiação aos melhores profissionais do ano de 2008, realizado pela Academia Brasileira de Arte, Cultura e História.

Comendador DeRose presidindo a Mesa de Honra no evento de congraçamento e premiação aos melhores profissionais do ano de 2008.

Comendador DeRose recebendo o Diploma de Conselheiro da Academia Brasileira de Arte, Cultura e História.

Comendador DeRose discursando no Palácio do Governo, em 2009, após receber a Medalha da Casa Militar, do Gabinete do Governador do Estado de São Paulo.

Comendador DeRose recebendo a Medalha do Mérito Ambiental, outorgada pelo Major PM Benjamin, Comandante do 7º. Batalhão de Polícia Militar do Estado de São Paulo.

Comendador DeRose discursando novamente no Palácio do Governo, em 2010, após receber a Medalha da Defesa Civil.

O Governador Serra, do Estado de São Paulo, cumprimentando o Comendador DeRose após agraciá-lo com o Diploma **Omnium Horarum Homo** pelo "seu comprometimento com a causa humanitária".

Comendador DeRose com o Governador Dr. Geraldo Alckmin, do Estado de São Paulo.

Comendador DeRose recebendo das mãos do Comandante PM Telhada a Medalha da Academia Militar do Barro Branco, em 25 de novembro de 2009. Ao lado, o Prior *Knight Grand Cross of Justice* Dr. Benedicto Cortez, da *The Military and Hospitaller Order of Saint Lazarus of Jerusalem. Atrás,* o Digníssimo Senhor Presidente da ABFIP ONU Brasil, Dr. Walter Mello de Vargas. Perfiladas, outras autoridades.

Comendador DeRose recebendo medalha da OAB
(Medalha Prof. Dr. Antonio Chaves da OAB SP).

Outorga do grau de Grande Oficial da Ordem dos Nobres Cavaleiros de São Paulo, em 29 de janeiro de 2010.

Comendador DeRose recebendo das mãos do Prof. Michel Chelala o Colar Marechal Deodoro da Fonseca, no Polo Cultural da Casa da Fazenda do Morumbi.

Comendador DeRose laureado com o Colar da Justiça Militar,
ao lado do Excelentíssimo Senhor Ten. Brigadeiro-do-Ar Carlos Alberto Pires Rolla,
agraciado com a Medalha da Justiça Militar.

Comendador DeRose no Batalhão Tobias de Aguiar (ROTA), recebendo a
"Medalha Brigadeiro Sampaio, Patrono da Infantaria". À direita, o Desembargador
Dr. Júlio Araújo Franco Filho; e à esquerda, o Comendador Carlos Yee, da SASDE.

Comendador DeRose sendo agraciado com o Grão-Colar da
Ordem dos Nobres Cavaleiros de São Paulo, no 1º. Batalhão de Polícia de Choque
da Polícia Militar do Estado de São Paulo.

Comendador DeRose condecorando oficiais da Polícia Militar.

No primeiro plano, o Comandante Geral da Polícia Militar do Estado de São Paulo, Coronel PM Alvaro Batista Camilo, cumprimentando o Comendador DeRose no Batalhão Tobias de Aguiar (ROTA), após a outorga da "Medalha Brigadeiro Sampaio, Patrono da Infantaria". Atrás, à esquerda, o Digníssimo Senhor Presidente da ABFIP ONU Brasil, Dr. Walter Mello de Vargas, que concedeu a honraria em 16 de junho de 2010.

Comandante PM Coronel Camilo, com o Comendador DeRose

Comendador DeRose quando recebeu a Medalha Marechal Trompowsky, na ROTA. Discursando o General Santini.

Comendador DeRose recebendo o Grão-Colar da Sociedade Brasileira de Heráldica e Humanística conferido pelo Venerável Grão-Prior Dom Galdino Cocchiaro.

Comendador DeRose recebendo na Câmara Municipal de São Paulo o Grão-Colar da Sociedade Brasileira de Heráldica e Humanística, das mãos do Senador Tuma e sob a tutela do Venerável Grão-Prior Dom Galdino Cocchiaro, à direita.

Exmo. Sr. General Vilela, Comandante Militar do Sudeste: Dr. J.B. Oliveira, da OAB; Comendador DeRose, recebendo a Cruz do Anhembi; Vereador Quito Formiga; Prof. Michel Chelala, do Polo Cultural Casa da Fazenda; Exmo. Sr. Coronel PM Alvaro Batista Camilo, Comandante Geral da Polícia Militar do Estado de São Paulo.

Comendador DeRose com o Grão-Colar de 50 anos da Sociedade Brasileira de Heráldica e Humanística.

Comendador DeRose paramentado para receber o título de Professor Doutor *Honoris Causa*.

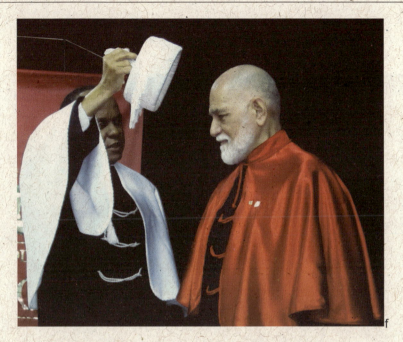
Sacração do título de Professor Doutor *Honoris Causa*.

Aula magna na Faculdade de Ciências Sociais de Florianópolis.

Comendador DeRose ministrando a Aula Magna
após receber o título de Professor Doutor *Honoris Causa*,
em 2010, na Faculdade de Ciências Sociais de Florianópolis, SC.

Quem julgar desnecessário este capítulo sobre as outorgas e reconhecimentos não sabe nada da nossa luta.

A Ordem da Jarreteira

"Honi soit qui mal y pense"

"Envergonhe-se quem pense mal disto!"

(Em francês atual, *honi* escreve-se com dois *nn*.)

Divisa da Ordem da Jarreteira (Order of the Garter), a mais antiga ordem de cavalaria da Inglaterra, fundada em 1348 por Edward III, baseada nos nobres ideais da demanda ao Santo Graal e da corte do Rei Arthur. É vista como a mais importante Comenda do sistema honorífico do Reino Unido, desde aquela época, até aos dias de hoje.

A DIVULGAÇÃO DESTAS HOMENAGENS E CONDECORAÇÕES NÃO TEM JUSTIFICATIVA NA VAIDADE PESSOAL.

Pobre do homem que é conhecido por todos, mas não se conhece a si mesmo.
Francis Bacon

É muito bom que ocorram essas solenidades de outorga, pois a opinião pública, nossos instrutores, nossos alunos e seus familiares percebem que há instituições fortes e com muita credibilidade que nos apoiam e reconhecem o valor do trabalho que realizamos pela juventude, pela nação e pela humanidade.

O Traje Formal Hindu

O nome internacional do traje formal hindu é *Nehru suit*, em referência ao Primeiro-Ministro da Índia Nehru que o tornou conhecido por comparecer a reuniões com chefes de estado e a solenidades com a sua indumentária tradicional. Na verdade, vestimentas tradicionais são aceitas em muitos lugares do mundo para substituir o *smoking* (*tuxedo*), como, por exemplo, o traje típico do Rio Grande do Sul. Em recepções que exijam *black-tie*, se o gaúcho comparecer pilchado, isto é, de calça bombacha, botas e demais acompanhamentos, essa vestimenta é aceita como de gala.

Ser uma personalidade pública é uma maldição: implica em que lhe atribuam coisas boas que você nunca fez e coisas ruins que você jamais faria.
DeRose

UM ABISMO ENTRE VAIDADE E CONTINGÊNCIA

Estou ciente de que muita gente no nosso meio precisa se pavonear por uma questão de vaidade pessoal. Gostaria que o prezado amigo compreendesse qual é a minha posição perante títulos e condecorações.

Durante cinquenta anos trabalhei com Yôga. Foram cinquenta anos pugnando pelo reconhecimento e respeito à nossa profissão. *Luta inglória, uma vez que do outro lado está a mídia internacional divulgando sistematicamente uma imagem distorcida e fantasiosa sobre o tema.*

Desde 1978 tentei a regulamentação da nossa profissão. A de peão de boiadeiro *foi regulamentada, mas a nossa foi rejeitada. Desde 1970 vários colegas tentaram fundar uma faculdade de Yôga. Nenhum deles conseguiu que o MEC aprovasse seus projetos. Nesse meio tempo, foram aprovadas faculdades de cabeleireiro e* de mais uma porção de profissões humildes. Conclusão: por não ser levada a sério pela Imprensa, nossa profissão, apesar de ser uma filosofia e exigir muito estudo, é situada preconceituosamente abaixo da de cabeleireiro e da de peão de boiadeiro, embora estes sejam respeitáveis ofícios.

Temos profissionais extremamente cultos, sérios e que ocupam posições destacadas na sociedade. Não obstante, se eu for apresentado como Mestre de Yôga, o que se passa imediatamente pela cabeça do interlocutor é que eu trabalhe com religião ou com ginástica. Na sequência, alguém me pergunta se eu fico de cabeça para baixo ou se ponho os pés atrás da cabeça. Ou, ainda, qual é o meu nome verdadeiro. Disparates aviltantes!

Por isso, meu amigo, por uma contingência da profissão, no nosso caso é determinante que contemos com o beneplácito da sociedade na forma de títulos e condecorações. Elas não são incorporadas como artifício para insuflação do ego desta persona *e sim para implementar reconhecimento à nossa nobre profissão por parte dos poderes constituídos: Governo do Estado, Assembleia Legislativa, Forças Armadas, ONU, OAB, API, entidades culturais, filantrópicas, heráldicas e nobiliárquicas.*

Dessa forma, esperamos que os pais dos nossos alunos concedam a eles mais apoio e compreensão quando seus filhos lhes comuniquem que desejam formar-se conosco e seguir a nossa carreira. Uma carreira que tem mantido dezenas de milhares de jovens longe das drogas, do álcool e do fumo. Se para nada mais servisse a nossa filosofia, somente por isto já seria justificável o respaldo da sociedade brasileira e da Imprensa, bem como o apoio dos pais.

ALGUMAS COMENDAS, MEDALHAS E CONDECORAÇÕES COM QUE O COMENDADOR DeRose FOI AGRACIADO POR INSTITUIÇÕES CULTURAIS, HUMANITÁRIAS, MILITARES E GOVERNAMENTAIS QUE O TORNAM O PROFESSOR MAIS LAUREADO DO BRASIL

"Aceito essas homenagens porque elas não são para engrandecer o ego de uma pessoa, mas servem como reconhecimento à nossa filosofia pela sociedade e pelas instituições. É a nossa filosofia que está sendo condecorada." DeRose

1. Medalha Tiradentes, da Assembleia Legislativa do Rio de Janeiro.
2. Medalha Internacional dos Veteranos das Nações Unidas e dos Estados Americanos.
3. Medalha da Paz, pela ABFIP ONU Brasil.
4. Medalha Marechal Falconière.

5. Comenda da Sociedade Brasileira de Educação e Integração.
6. Comenda do Mérito Profissional, da Academia Brasileira de Arte, Cultura e História.
7. Cruz Acadêmica, da Federação das Academias de Letras e Artes do Estado de São Paulo.
8. Medalha Paul Harris, da Fundação Rotária Internacional.

DeROSE

9. Cruz do Mérito Filosófico e Cultural, da Sociedade Brasileira de Filosofia, Literatura e Ensino.
10. Cruz de Cavaleiro, da Ordem dos Nobres Cavaleiros de São Paulo.
11. Medalha do Mérito Histórico e Cultural, da Academia Brasileira de Arte, Cultura e História.
12. Cruz do Reconhecimento Social e Cultural, da Câmara Brasileira de Cultura.

13. Colar José Bonifácio, da Sociedade Brasileira de Heráldica e Medalhística.
14. Comenda da Câmara Brasileira de Cultura.
15. Medalha de Reconhecimento, da Câmara Brasileira de Cultura.
16. Medalha do 2º. Centenário do Nascimento de José Bonifácio de Andrade.

17. Medalha Ulysses Guimarães, da Ordem dos Parlamentares do Brasil.
18. Medalha da UNICEF da União Européia.
19. Medalha Comemorativa dos 25 Anos do Mestre DeRose em Portugal.
20. Esplendor do Mérito Histórico e Cultural.

21. Medalha Comemorativa dos 200 Anos da Justiça Militar da União.
22. Medalha Brigadeiro Sampaio, Patrono da Infantaria.
23. Láurea D. João VI em comemoração pelos 200 anos da Abertura dos Portos.

24. Medalha do Bicentenário dos Dragões da Independência, do Exército.
25. Medalha do Bicentenário dos Dragões da Independência, do Exército.
26. Cruz da Paz dos Veteranos da Segunda Guerra Mundial.
27. Medalha do Rotaract

28. Medalha Olavo Bilac, da Academia de Estudos de Assuntos Históricos (MS).
29. Medalha do Mérito da Força Expedicionária Brasileira.
30. Medalha MMDC, comemorativa da Revolução Constitucionalista de 1932.
31. Medalha Ulysses Guimarães, da Ordem dos Parlamentares do Brasil (segunda).

32. Cruz do Reconhecimento Social e Cultural.
33. Grão-Colar da Sociedade Brasileira de Heráldica e Humanística.
34. Colar Marechal Deodoro da Fonseca, no Polo Cultural da Casa da Fazenda do Morumbi.
35. Medalha Ulysses Guimarães, da Ordem dos Parlamentares do Brasil (terceira - prata).

36. Medalha Sentinelas da Paz - Batalhão Suez - UNEF.
37. Medalha da Defesa Civil do Estado de São Paulo.
38. Medalha Prof. Dr. Antonio Chaves da OAB SP.
39. Medalha da Casa Militar, do Gabinete do Governador do Estado de São Paulo.

40. Resplendor do grau de Grande Oficial da Ordem dos Nobres Cavaleiros de São Paulo.
41. Cruz do Anhembi, da Sociedade Amigos da Cidade.
42. Medalha Marechal Trompowsky, Patrono do Magistério do Exército.
43. Medalha Solar dos Andradas, da Soc. Amigos do CPOR - Centro de Preparação de Oficiais da Reserva.

Municipio de São Paulo
Título de Cidadão Paulistano

A Câmara Municipal de São Paulo, atendendo ao que dispõe o Decreto Legislativo nº 85/2007, concede ao Senhor

Comendador DeRose

o título de

Cidadão Paulistano

Palácio Anchieta, 27 de junho de 2007

Antônio Carlos Rodrigues
Presidente

Donato
1º Secretário

José Rolim
Vereador Proponente

New York, November 06th, 2011

Dear Ms. Alessandra M. S. Roldan,

Your request has been received and will be answered within 90 days.

We have great pleasure in knowing the history of the Lord LSADeRose and his struggle to keep youngsters away from drugs and alcohol.

It is a pleasure for us to recognize how this works.

With votes from consideration.

Our best regards and thanks;

Mr. Ban Ki-moon

UNITED NATIONS

CESUSC
Complexo de Ensino Superior de Santa Catarina
Credenciada pela Portaria MEC n.109, de 10 de fevereiro de 2000 (DOU 11.02.200)

Diploma

A Faculdade de Ciências Sociais de Florianópolis, mantida pelo Complexo de Ensino Superior de Santa Catarina - CESUSC, tem a honra de conferir o título de Professor Doutor Honoris Causa a

DeRose, L.S.A.

e outorga-lhe o presente diploma como homenagem e reconhecimento pela sua eminente trajetória acadêmica e importantíssima contribuição para a sociedade

Florianópolis, 10 de setembro de 2010

Prof. Dr. Edmundo Lima de Arruda Junior
Presidente Honorífico CESUSC

FACULDADE PITÁGORAS

EXPEDE O PRESENTE CERTIFICADO DE

NOTÓRIO SABER

Ao Prof. DeRose, L.S.A., no grau de Mestre em Yôga, em reconhecimento aos tantos anos em que ministrou o Curso de Formação de Instrutores de Yôga nas Universidades Federais, Estaduais e Católicas do Brasil, desde a década de 1970.

Belo Horizonte, 14 de junho de 2008.

Assinatura
Nome e cargo MARIA LÚCIA RODRIGUES CORRÊA -
COORDENADORA DE PÓS-GRADUAÇÃO

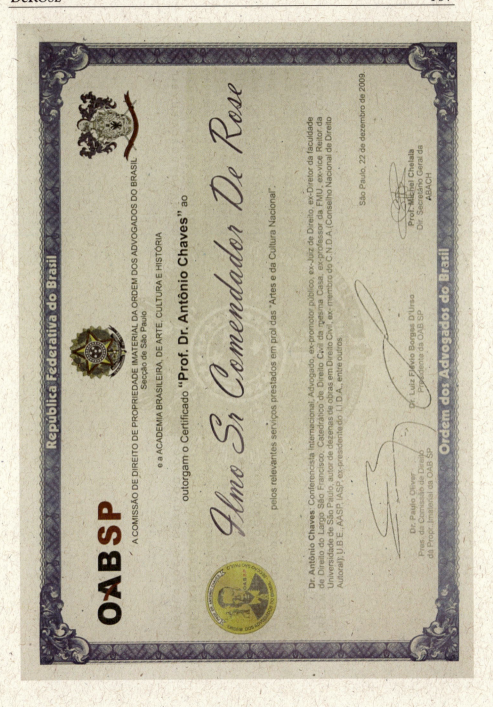

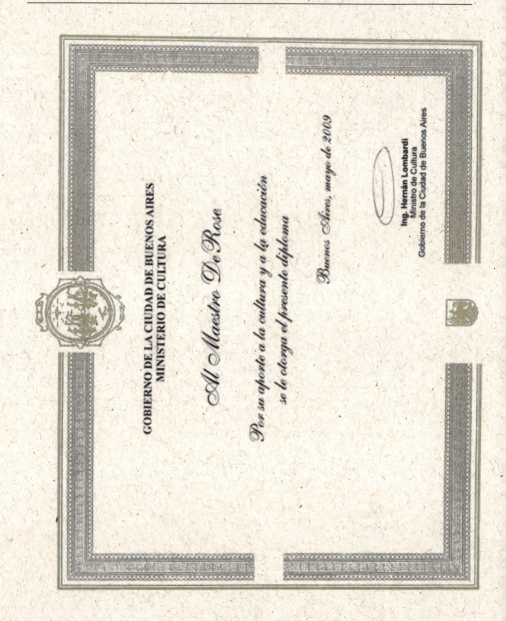

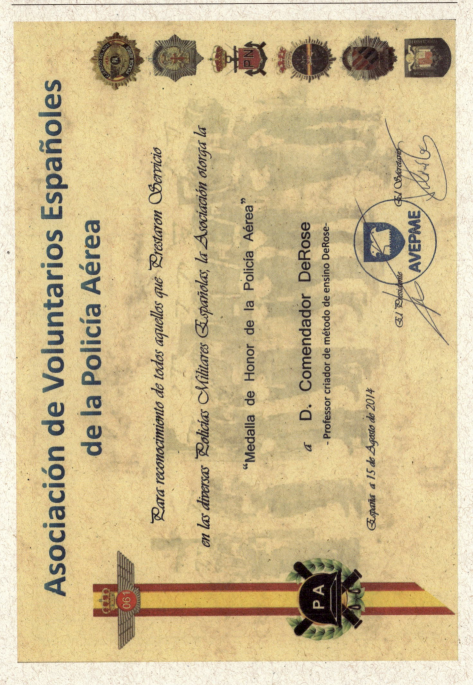

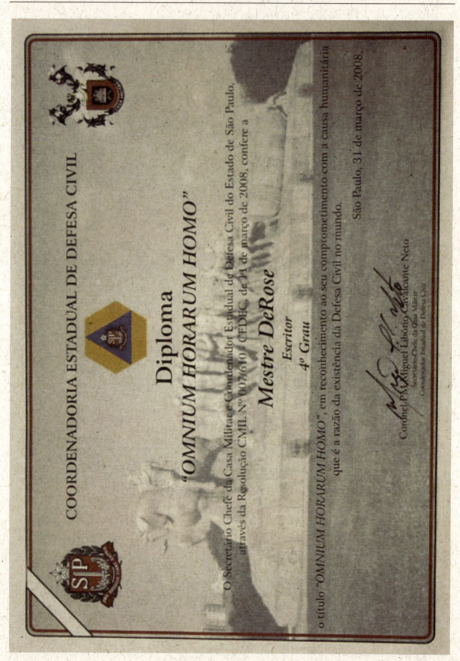

CORPO DE BOMBEIROS

FUNDABOM

Diploma

O Presidente da Fundação de Apoio ao Corpo de Bombeiros da Polícia Militar do Estado de São Paulo, de acordo com o parecer da Comissão de Outorga, confere a **Grã Cruz "Heróis do Fogo"**, ao Exmo. Sr.

Comendador De Rose

Nos termos do Decreto nº 61.375, de 23 de julho de 2015, do Governo do Estado de São Paulo.

São Paulo, 17 de Junho de 2016.

Cel PM Rogério Bernardes Duarte
Comandante do Corpo de Bombeiros

Cel PM Saint Clair da Rocha Coutinho Sobrinho
Presidente da FUNDABOM

Ordem dos Nobres Cavaleiros de São Paulo

De acordo com o artigo nº 5 do parágrafo 9º dos seus Estatutos Sociais confere
a Medalha Cívica

Nobres Cavaleiros de São Paulo

ao

Ilmo. Comendador De Rose

no grau

Grão-Colar

em parceria com o Comando do Regimento de Polícia Montada "9 de Julho" da Polícia Militar do Estado de São Paulo, aos que colaboraram com o progresso e conquistaram o respeito, a admiração e o reconhecimento da nossa sociedade.

São Paulo, 29 de março de 2016.

Prof. Michel chelala
Presidente do Conselho Diretor

Ten Cel PM Alexandre Gaspar Gaspariam
Comandante Regimento de Polícia Montada

ABRASCI

Academia Brasileira de Ciências, Artes, História e Literatura

REPÚBLICA FEDERATIVA DO BRASIL
ACADEMIA BRASILEIRA DE FARMÁCIA MILITAR

Ordem do Mérito Farmacêutico Militar

O Egrégio Superior Conselho, atento as exigências Estatutárias e, tendo em vista as qualidades morais, intelectuais e por suas relevantes contribuições prestadas à Ciência e ao engrandecimento da profissão Farmacêutica, confere na conformidade dos seus estatutos a Ordem do Mérito Farmacêutico Militar da Academia Brasileira de Farmácia Militar - ABRAFARM ao

Ilmo Sr Comendador DeRose

No grau de

Comendador

Pelo qual, passa como dignitário, a usufruir de todos os privilégios e vantagens decorrentes desta alta investidura que lhe é deferida.

Rio de Janeiro, 25 de maio de 2016.

Acad. Dr. Júlio Lopes Queiroz Filho - Cel Farm E.B
Presidente da Academia Brasileira de Farmácia Militar
ABRAFARM

MEDALHA DA CONSTITUIÇÃO

A Assembleia Legislativa do Estado de São Paulo, por meio da comissão da "Medalha da Constituição", pelos seus Membros e para cumprimento dos termos dos Artigos 4º e 5º item 1, da Resolução nº 330, de 25 de junho de 1962, resolve agraciar com a Medalha da Constituição, o Sr.

COMENDADOR DE ROSE

São Paulo, 9 de julho de 2016

Deputado Estadual Fernando Capez
Presidente da Assembleia Legislativa
do Estado de São Paulo

Deputado Estadual Coronel Telhada
Presidente da Comissão da Medalha

EMBASSY OF INDIA
Rua das Amoreiras, 72-D. 6.º
1200 LISBON

No. LIS/551-1/86   July 1, 1986

I am happy to have known UniYoga – União Nacional de Yoga de Portugal, led by Prof. De Rose, with Head Office in Lisbon. I appreciate its dedicated and serious efforts in practising and making better known the ancient system of Yoga, whose value continues to be recognized in modern times. I wish success to those efforts, and commend all assistance and support to the work of UniYoga centres and the publication of their magazine "UniYoga".

(A.N.D. Haksar)
Ambassador of India

Dear Shree Rose,
I am charmed and
impressed by your
book! Thankyou
for spreading this
great heritage
of India to the
people of Brazil.

9. sept. '71

RAVI SHANKAR

O DIA DO ANIVERSÁRIO DO MESTRE DeROSE AGORA É O DIA DO YÔGA NO ESTADO DE SÃO PAULO.

Diário Oficial
Estado de São Paulo
GERALDO ALCKMIN
GOVERNADOR

PODER EXECUTIVO

LEI Nº 11.647, DE 13 DE JANEIRO DE 2004

(Projeto de lei nº 504/2001, do deputado Edson Aparecido - PSDB)

Institui o "Dia do Yôga"

O GOVERNADOR DO ESTADO DE SÃO PAULO:
Faço saber que a Assembléia Legislativa decreta e eu promulgo a seguinte lei:
Artigo 1º - Fica instituído o "Dia do Yôga", a ser comemorado, anualmente, no dia 18 de fevereiro.
Artigo 2º - Esta lei entra em vigor na data de sua publicação.
Palácio dos Bandeirantes, 13 de janeiro de 2004.
GERALDO ALCKMIN
Cláudia Maria Costin
Secretária da Cultura
Arnaldo Madeira
Secretário - Chefe da Casa Civil
Publicada na Assessoria Técnico-Legislativa, aos 13 de janeiro de 2004.

Ao todo são agora CATORZE ESTADOS que instituíram por lei estadual o dia 18 de fevereiro como Dia do Yôga: São Paulo, Rio de Janeiro, Paraná, Santa Catarina, Rio Grande do Sul, Minas Gerais, Bahia, Mato Grosso, Mato Grosso do Sul, Pará, Goiás, Piauí, Ceará. E mais o Distrito Federal.

ALL OVER THE WORLD

Dispomos de centenas de Instrutores Credenciados em todo o Brasil, Argentina, Chile, Portugal, Espanha, França, Itália, Inglaterra, Escócia e Estados Unidos. Desejando a direção da Unidade mais próxima, visite o nosso *site* www.DeRoseMethod.org ou entre em contato com a Sede Central, tel.: (11) 3064-3949 e (11) 3082-4514.

FACILIDADE AOS NOSSOS ALUNOS: Se você estiver inscrito em qualquer uma das Unidades Credenciadas, terá o direito de frequentar gratuitamente várias outras Credenciadas quando em viagem, desde que comprove estar em dia com a sua Unidade de origem e apresente o nosso passaporte acompanhado dos documentos solicitados (conveniência esta sujeita à disponibilidade de vaga).

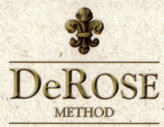

SÃO PAULO – AL. JAÚ, 2000 – TEL. (11) 3081-9821 E 3088-9491.
RIO DE JANEIRO – AV. COPACABANA, 583 CONJ. 306 – TEL. (21) 2255-4243.
Os demais endereços atualizados você encontra no nosso *website*:

www.DeRoseMethod.org

Entre no nosso *site* e assista gratuitamente mais de 80 aulas do Sistematizador DeRose sobre: sânscrito, alimentação inteligente, corpos do homem e planos do universo, o tronco Pré-Clássico, a relação Mestre/discípulo na tradição oriental, hinduismo e escrituras hindus, e outras dezenas de assuntos interessantes.

Faça *download* gratuito de vários livros do escritor DeRose, bem como CDs com aulas práticas, meditação, mensagens etc., além de acessar os endereços de centenas de instrutores de diversas linhas.

E, se gostar, recomende nosso *site* aos seus amigos!

MATERIAL DIDÁTICO DISPONÍVEL NAS ESCOLAS E ASSOCIAÇÕES FILIADAS AO DeRose Method

DOWNLOAD GRATUITO

Você pode estudar em vários destes livros sem ter que comprá-los. Basta entrar no site www.DeRoseMethod.org e fazer *free download* de vários dos títulos abaixo, inclusive alguns noutras línguas. Nosso escopo ao escrever livros e ao manter um *website* é permitir a todos o acesso a esta cultura sem custo algum.

Pedidos destes livros podem ser feitos para o Selo Editorial Egrégora
Alameda Jaú, 2000 – CEP 01420-002, São Paulo, SP – Brasil
egregorabooks.com

Ou falando diretamente com a Profa. Emanuelle Bonfim: secretaria@metododerose.org
ou telefone para (+55 11) 3081-9821 ou 99976-0516.

QUANDO É PRECISO SER FORTE
A AUTOBIOGRAFIA DO ESCRITOR DeRose

Em suas mais de 600 páginas, este livro, profusamente ilustrado com dezenas de fotos, instrui e distrai com um refinado senso de humor, descrevendo de maneira impecável as boas e más experiências de vida do Prof. DeRose no colégio interno, no exército, nas universidades, nas sociedades secretas, na família, nas relações afetivas, relatando viagens, descobertas e percepções proporcionadas por mais de duas décadas de contato com monges nos Himálayas. No texto de *Quando é Preciso Ser Forte* encontramos passagens que nos fazem dar boas risadas e outras que nos arrancam lágrimas sentidas, enquanto acompanhamos a saga do autor na luta pelo reconhecimento do seu trabalho. São crônicas, casos reais, história, filosofia, ética, romance e mais um universo de conhecimentos. Existe amor nesta publicação. O amor de um homem por uma Filosofia e sua certeza de que contribuiu para que ela fosse respeitada.

A obra aborda história, filosofia, romance, drama, ocultismo, orientalismo, empreendedorismo, cultura e poesia. O autor flui com facilidade e harmonia de um tema para o outro, deixando o conteúdo bem equilibrado e prendendo a atenção do início ao fim da leitura. Alguns leitores não conseguem parar de ler enquanto não chegam ao final. Muitos releem o livro outra e outra vez, pois, embora não seja a proposta do autor, a obra acaba se tornando uma boa conselheira para a vida.

A utilização de um precioso amálgama entre a linguagem coloquial e a norma culta, entre o vocabulário existente e algumas alquimias bem sucedidas com neologismos aplicados na hora certa, os inteligentes jogos de palavras temperados com alguma irreverência, tudo isso constitui uma maneira nova e inusitada de escrever que torna a leitura muito agradável. Trata-se de um estilo literário diferente, em que o leitor é colocado dentro do livro, ao lado do autor, enquanto este toma-o pelo braço e vai contando sua história.

TRATADO DE YÔGA

Um clássico. É considerada uma obra canônica, a mais completa do mundo em toda a História do Yôga, com 940 páginas e mais de 2000 fotografias.

- 32 mantras em sânscrito;
- 108 mudrás do hinduísmo (gestos reflexológicos) com suas ilustrações;
- 27 kriyás clássicos (atividades de purificação das mucosas);
- 54 exercícios de concentração e meditação;
- 58 pránáyámas tradicionais (exercícios respiratórios);
- 2100 ásanas (técnicas corporais) com as suas fotos.

Apresenta capítulos sobre karma, chakras, kundaliní e samádhi (o autoconhecimento). Oferece ainda um capítulo sobre alimentação e outro de orientação para o dia-a-dia do praticante de Yôga (como despertar, o banho, o desjejum, a meditação matinal, o trabalho diário etc.). É o único livro que possui uma nota no final dos principais capítulos com orientações especialmente dirigidas aos instrutores de Yôga. Indica uma bibliografia confiável, mostra como identificar os bons livros e ensina a estudá-los.

Confirme nesta amostra de 100 páginas: derose.co/pequenoextrato-tratado

MEDITAÇÃO

Para ensinar meditação, é imprescindível que o ministrante tenha experiência prática e anos de adestramento, para que saiba solucionar as dificuldades dos alunos. Prof. DeRose comemora mais de 50 anos ensinando meditação nas universidades federais, estaduais e católicas de quase todos os estados do Brasil, em cursos de extensão universitária, e também em instituições de ensino superior da Europa.

Quanto à experiência pessoal, o Preceptor DeRose já vivenciou estados que se encontram um patamar acima da meditação, algumas vezes na própria Índia, para onde viajou durante 24 anos.

KARMA E DHARMA

Não acha que já está na hora de você tomar as rédeas da sua própria vida? Mudar de destino é muito fácil, se você conhecer as leis que regem o universo. O autor mudou seu destino, pela primeira vez, aos 14 anos de idade. Descobriu como era simples e, pela vida afora, exercitou a arte de alterar os desígnios da sua existência, e ensinou, aos seus alunos, como conquistar o sucesso profissional, a felicidade, a saúde, a harmonia familiar e boas relações afetivas. A vida do autor é o melhor exemplo da eficácia dos seus ensinamentos.

ANJOS PELUDOS - MÉTODO DE EDUCAÇÃO DE CÃES

Muitos humanos tratam seus cães como pessoas da família. Está certo ou errado? Outros tratam cachorro como bicho, mas sob aquela óptica de que animal tem que viver lá fora e não pode entrar em casa. Se fizer frio ou chover, o bicho que se vire, encolhido, tremendo, lá na sua casinha de cachorro alagada e sem proteção contra o vento e as intempéries. Entre os dois extremos talvez esteja você. Certamente, se este livro despertou o seu interesse a ponto de ler este texto, você está mais para o primeiro caso do que para o segundo. Então, é com você mesmo que eu quero compartilhar o que assimilei nos livros, nos diálogos com adestradores, mas, principalmente, o que eu aprendi com a própria Jaya, minha filhota tão meiga.

MÉTODO DE BOAS MANEIRAS

A maior parte das normas de conduta surgiram de razões práticas. Se você conseguir descobrir o veio da consideração humana, terá descoberto também a origem de todas as fórmulas da etiqueta. Tudo se resume a uma questão de educação.

Boas maneiras constituem a forma de agir em companhia de outras pessoas, de modo a não invadir o seu espaço, não constrangê-las e fazer com que todos se sintam bem e à vontade na sua companhia. Por isso, boas maneiras são uma questão de bom-senso.

O melhor deste livro é que sua leitura divertirá e ilustrará bastante. Então, aproveitemos!

MÉTODO DE BOA ALIMENTAÇÃO

O que seria uma "Boa Alimentação"? Sob a ótica de um nutrólogo ou nutricionista, é a que nutre bem. Sob o prisma de um terapeuta, boa alimentação é a que traz saúde, vitalidade, longevidade. No de quem quer emagrecer, é a que não engorda. De acordo com os ambientalistas, boa alimentação é aquela que agride menos o meio ambiente e preserva os animais. Na opinião de um *chef-de-cuisine*, boa alimentação é aquela elaborada com produtos de excelente procedência, preparados com arte e que resultem em um sabor refinado, bem como uma apresentação sofisticada no prato.

No nosso caso, consideramos como boa, uma alimentação que inclua todos esses fatores. Mas, ao mesmo tempo, que não seja um sistema difícil, nem estranho, nem estereotipado. Precisamos ter a liberdade de entrar em qualquer restaurante ou lanchonete e comer o que nos der mais prazer. Como conciliar isso com o conceito de Boa Alimentação? Isso é o que este livro vai lhe ensinar, de forma simples e descontraída.

MÉTODO PARA UM BOM RELACIONAMENTO AFETIVO

Finalmente, um livro que diz tudo, sem meias palavras, com seriedade e usando uma linguagem compreensível. Era assim que queríamos ler sobre esse emaranhado emocional que são as relações afetivas. Dos livros que tentam dissertar sobre o tema, a maior parte é maçante. Os outros, populares demais. Estava faltando um livro pequeno, mas profundo; culto, mas escrito em linguagem coloquial; e que não fosse elaborado por um teórico no assunto, mas por alguém com experiência prática, real e incontestável. Bom Relacionamento Afetivo é tudo isso. E mais: é o presente ideal para o namorado ou namorada, marido ou esposa e, até, para os "melhores amigos". Ofertar este livro é abrir a visão da pessoa que você ama para novos valores e colocar a felicidade em suas mãos.

MENSAGENS

Este é um livro que reúne as mensagens mais inspiradas, escritas pelo Prof. DeRose em momentos de enlevo, durante sua trajetória como preceptor desta filosofia iniciática. Aqui, compilamos todas elas, para que os admiradores desta modalidade de ensinamento possam deleitar-se com a força do verbo. É interessante como o coração realmente fala mais alto. Muita gente só compreendeu o ensinamento do Sistematizador DeRose quando leu suas mensagens. Elas têm o poder de catalisar a força interior de quem as lê e desencadear um processo de modificação do caráter, através da potencialização da vontade e do amor.

CHAKRAS E KUNDALINÍ

Para os estudiosos que já leram tudo sobre chakras e kundaliní, esta obra é uma preciosidade, pois acrescenta dados inéditos que se mostram extremamente lógicos e coerentes, mas que não se encontravam em parte alguma, antes desta publicação.

Por outro lado, a linguagem do livro é acessível e torna o assunto muito claro para quem ainda não conhece nada a respeito. Isso, aliás, é uma característica do autor. O escritor DeRose consegue transmitir profundos conhecimentos inici-áticos, com uma naturalidade e clareza que impressionam os eruditos.

De onde DeRose recebeu tantos ensinamentos? E como consegue demolir o mistério que os envolvia, tornando o tema tão simples? Se você tivesse estudado o assunto desde a adolescência, se houvesse se dedicado ao seu magistério durante mais de meio século, se tivesse viajado para os mosteiros dos Himálayas durante 25 anos, é bem provável que também manifestasse a mesma facilidade para lidar com o hermetismo hindu.

CORPOS DO HOMEM E PLANOS DO UNIVERSO

Diversas filosofias abordam este tema, entre elas o Sámkhya, o Vêdánta, a Teosofia, a Rosacruz e muitas outras. Todas procuram esclarecer o leigo a respeito das várias dimensões, nas quais o ser humano consegue se manifestar no atual *status* evolutivo. Para atuar em cada plano do universo, precisamos utilizar um veículo ou "corpo" de substância que tenha o mesmo grau de densidade ou de sutileza da respectiva dimensão. É em um desses corpos sutis que se encontram os chakras e a kundaliní. Neste livro, o escritor DeRose utiliza sua experiência de mais de meio século de ensino para tornar a matéria facilmente compreensível, mesmo ao inici-ante mais leigo. Por outro lado, – e isto é uma característica deste autor – apesar de ser compreendido pelos iniciantes, consegue acrescentar muito conhecimento profundo aos estudiosos veteranos e aos eruditos no tema. Este é um dos oito livros menores que foram combinados para formar o **Tratado de Yôga**, do Sistematizador DeRose

EU ME LEMBRO...

Poesia, romance, filosofia. Como o autor muito bem colocou no Prefácio, este livro não tem a pretensão de relatar fatos reais ou percepções de outras existências. Ele preferiu rotular a obra como ficção, a fim de reduzir o atrito com o bom-senso, já que há coisas que não se podem explicar. No entanto, é uma possibilidade no mínimo curiosa, que o escritor DeRose assim o tenha feito pelo seu proverbial cuidado em não estimular misti-cismo nos seus leitores, mas que se trate de lembranças de eventos verí-dicos do período dravídico, guardados no mais profundo do inconsciente coletivo. Disponível em papel e em **audiobook** na voz do autor.

YÔGA SÚTRA

O Yôga Sútra é o livro do Yôga Clássico, cuja característica é a divisão em oito partes: yama, niyama, ásana, pránáyáma, pratyáhára, dháraná, dhyána e samádhi.

Intelectuais de todos os países cultos publicaram comentários sobre o Yôga Sútra. Seminários, debates, cursos e colóquios a respeito dele realizam-se sistematicamente em universidades, sociedades filosóficas e instituições culturais da Índia e do mundo todo.

Nenhum estudioso que deseje conhecer mais profundamente o Yôga, pode progredir nos seus estudos sem passar pela pesquisa histórica e filosófica do Yôga Sútra. Ninguém pode declarar que pratica ou ensina Yôga Clássico, sem adotar este livro como texto básico, no qual devem ser pautadas todas as aulas e conceitos aplicados.

A Medalha com o ÔM

Cunhada em forma antiga, representa de um lado o ÔM em alto relevo, circundado por outras inscrições sânscritas. No reverso, o ashtánga yantra, poderoso símbolo do SwáSthya Yôga. O ÔM é o mais importante mantra do Yôga e atua diretamente no ájñá chakra, a terceira visão, entre as sobrancelhas. Para maiores informações sobre o ÔM, a medalha, o ashtánga yantra e os chakras, consulte o livro *Tratado de Yôga*.

Medalhão de parede

Lindíssima reprodução da medalha em cartão, com cerca de 30 cm de diâmetro, para ornamentar a parede do quarto, da sala, ou da sua empresa.

Você pode adquirir estes livros nas melhores livrarias, pela Amazon, por encomenda na Livraria Cultura, na Saraiva ou pelos telefones:

(11) 3081-9821, 3088-9491 ou 99312-6714.

www.egregorabooks.com

ou na Alameda Jaú, 2000, São Paulo, SP

Vários destes livros foram disponibilizados gratuitamente na Fan Page do escritor DeRose: https://www.facebook.com/professorderose

DeRose foi o primeiro autor a conseguir isso dos seus editores, liberando seus livros, CDs e DVDs sem cobrar nada.

Você gostaria de assistir sem custo algum a mais de uma centena de webclasses? Tudo isso está disponível no site:

www.DeRoseMethod.org